STAR WARS®

EPISODE I

TOUT SUR LA MENACE FANTÔME

AURRA SING

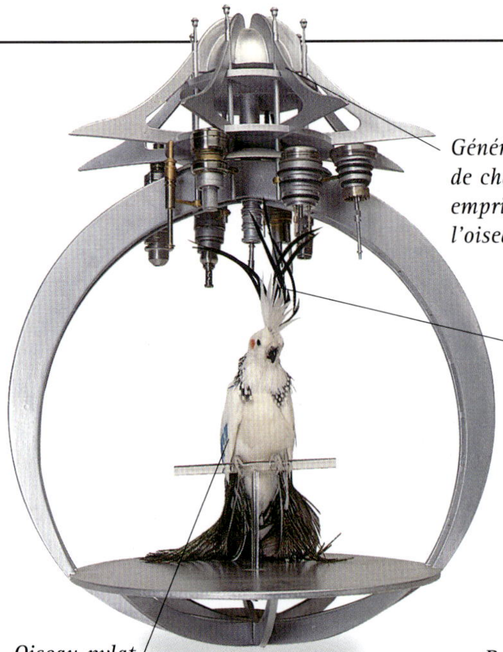

CAGE À OISEAU NEIMOIDIENNE

MACROBINOCULAIRES D'UN FAN DE PODRACING

CASQUE DE CHEF DE HANGAR NABOO

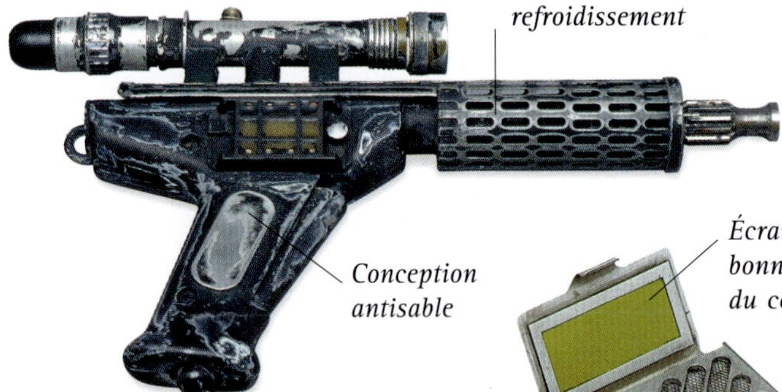

BLASTER DE TUEUR À GAGES DE TATOOINE

CLAVIER GYRDA

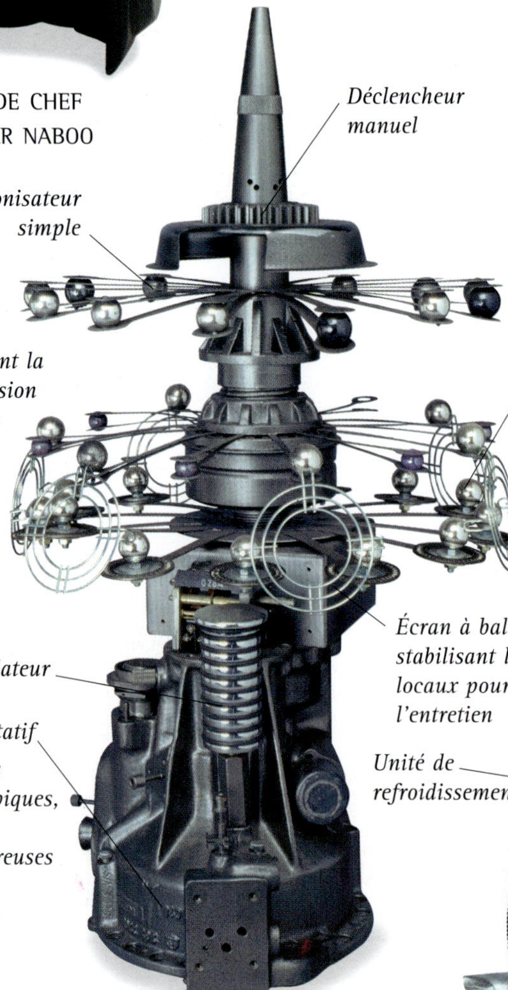

IONISATEUR DE WATTO

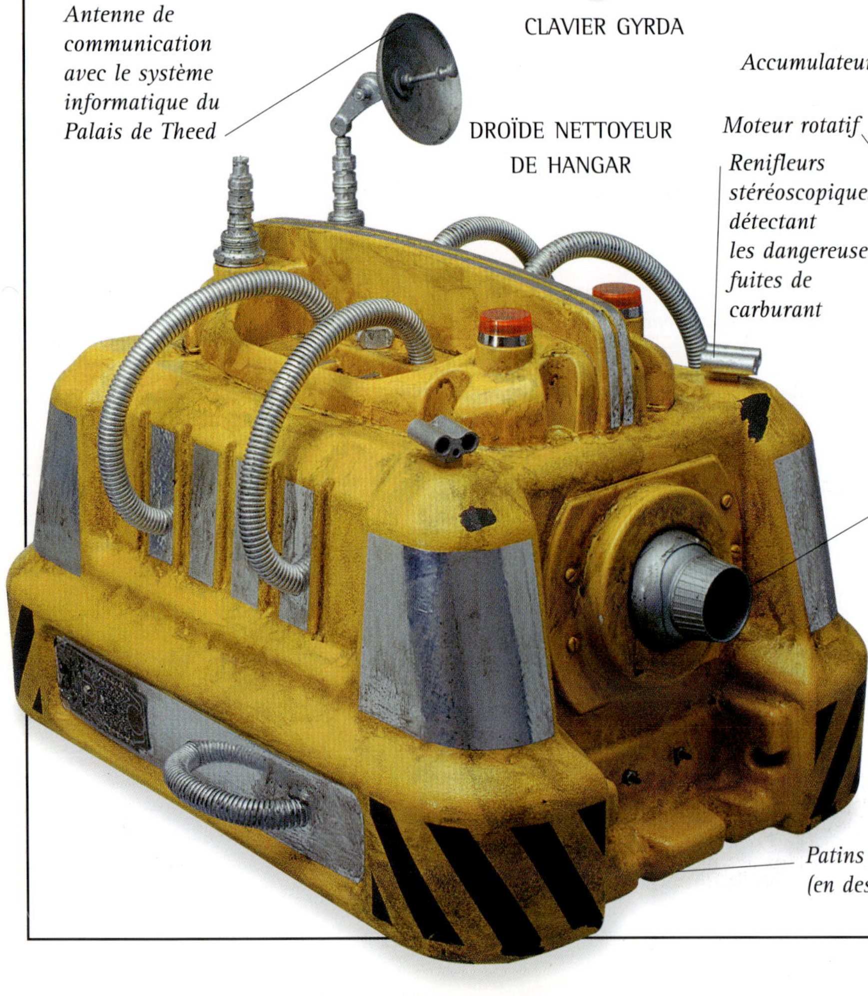

DROÏDE NETTOYEUR DE HANGAR

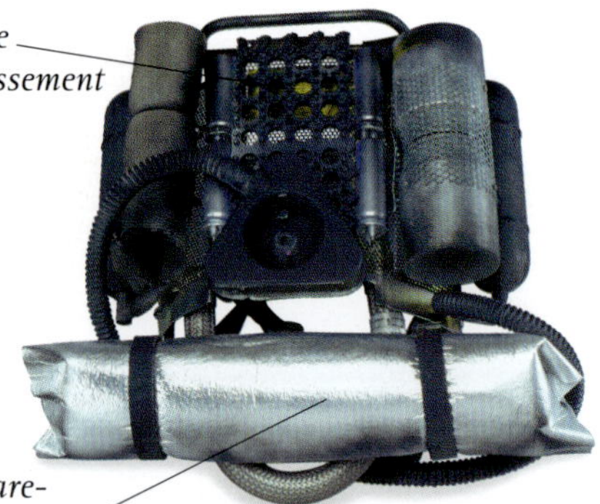

PACK DORSAL RAFRAÎCHISSEUR DE MOS ESPA

SABRE LASER DE JEDI

COMLINK

STAR WARS®

EPISODE 1

TOUT SUR LA MENACE FANTÔME

PERSONNAGES - CRÉATURES - DROÏDES

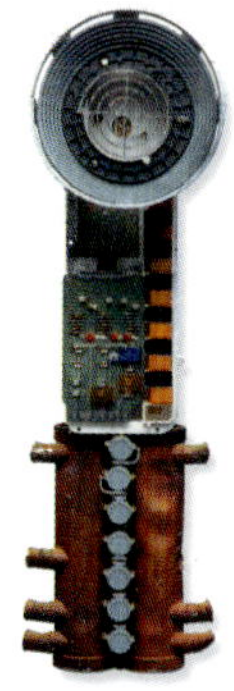

TUNER BLISSL (INSTRUMENT DE MUSIQUE)

ÉCRIT PAR
DAVID WEST REYNOLDS

TRADUIT PAR
ALAIN CLÉMENT

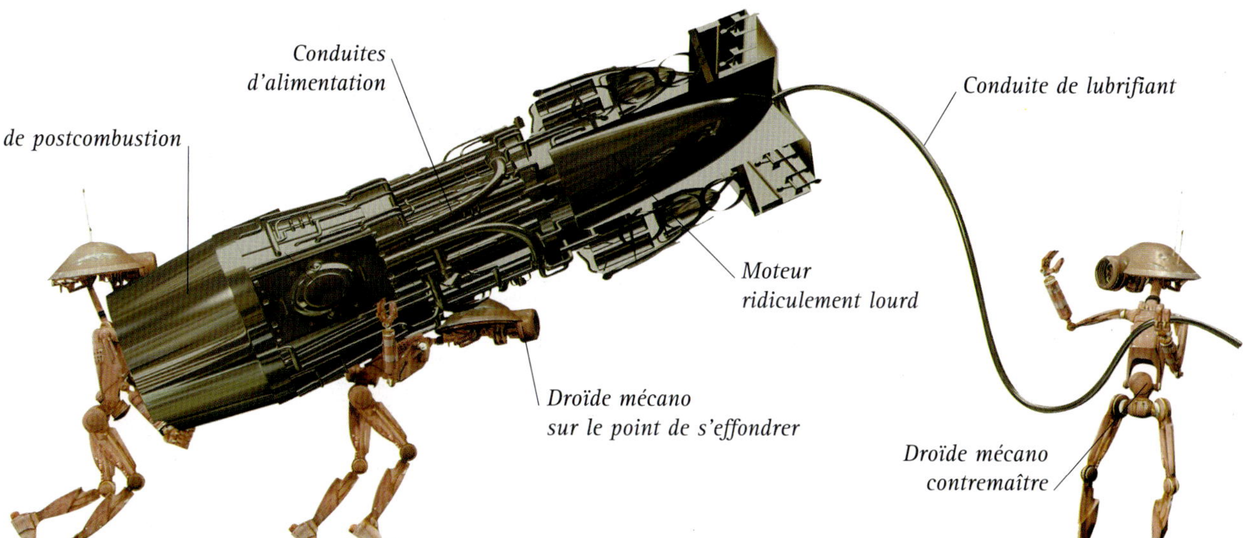

DROÏDES MÉCANOS TRANSPORTANT UN MOTEUR DE PODRACER

BRASERO DU QUARTIER DES ESCLAVES

www.starwars.com LUCAS BOOKS Nathan www.nathan.fr

Sommaire

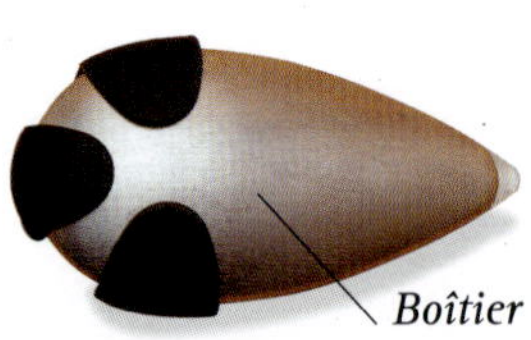

COMLINK CIVIL DE NABOO

ENREGISTREUR RATH

SAC À DOS DE SURVIE DANS LE DÉSERT

BLASTER DE TUEUR À GAGES

CEINTURE-BOURSE DE TATOOINE

DÉTONATEUR NABOO

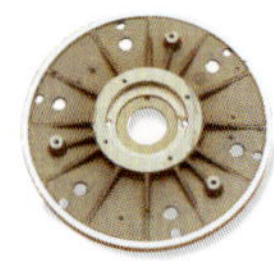
MOUCHARD SITH

ÉPISODE 1
LA MENACE FANTÔME

LA MENACE FANTÔME se situe au tout début de la saga de *Star Wars*. Anakin Skywalker, le père de Luke, a alors neuf ans, et la République Galactique est encore libre et puissante, même si ses forces décroissent. C'est une époque peuplée de nouveaux personnages, venus d'univers qui fourmillent de vaisseaux spatiaux étincelants, de tenues vestimentaires élaborées et d'étonnants robots. Chacun d'eux a son histoire, son identité. Depuis les lugubres droïdes de combat de la Fédération du Commerce jusqu'aux succulents gorgs du marché de Mos Espa, en passant par les mâchoires du poisson colo, le présent ouvrage sera votre guide dans ce nouvel épisode de *Star Wars*.

"Toute génération a une légende...
Tout voyage a une première étape...
Toute saga a un commencement."

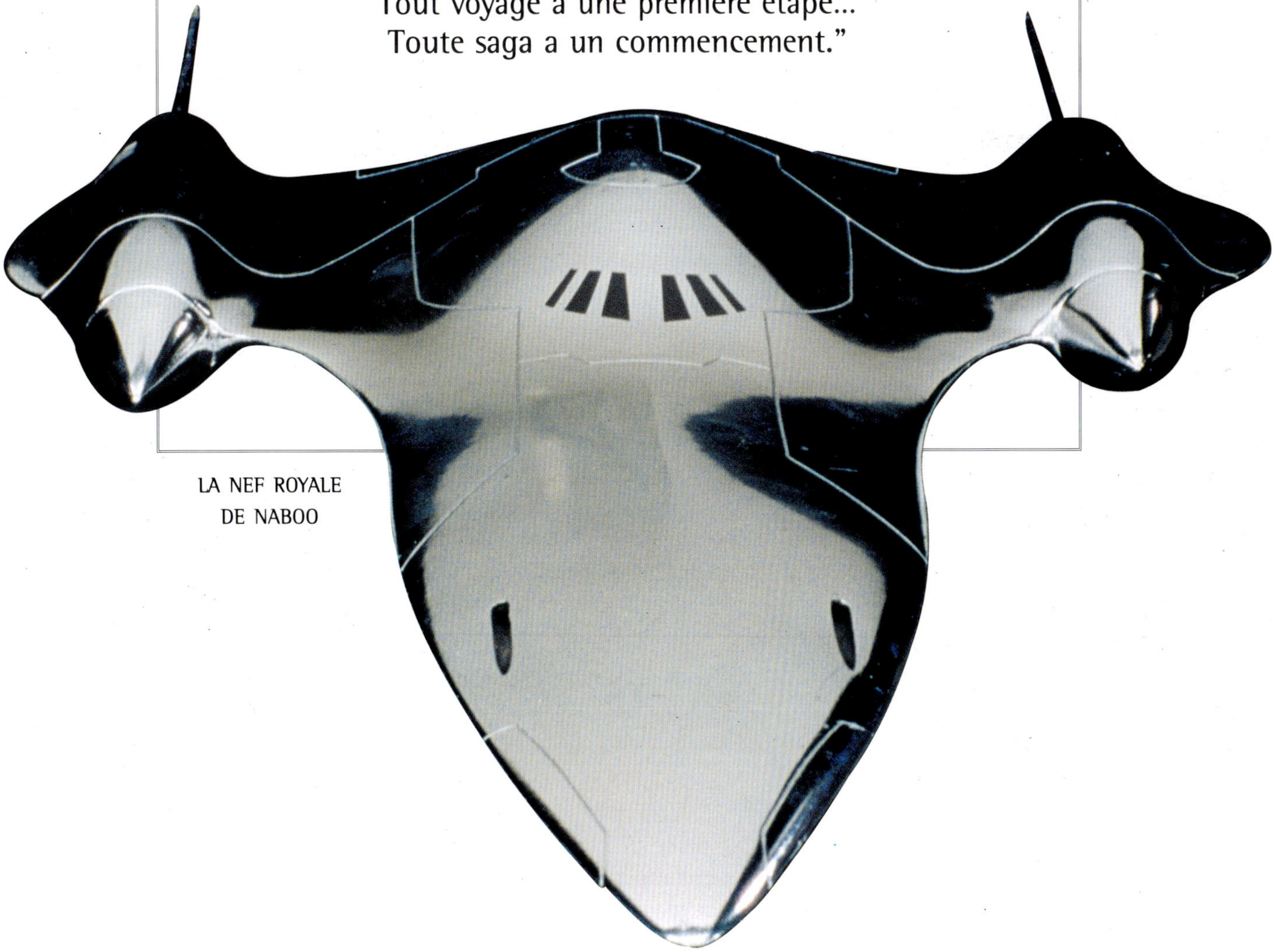

LA NEF ROYALE
DE NABOO

La Menace Fantôme

FONDÉE VOILÀ BIEN LONGTEMPS, la République fédère en un gouvernement unique d'innombrables systèmes stellaires. Des millénaires durant, elle a connu des luttes intestines, mais la justice a fini par triompher, sous la protection des Jedi et de leur mystérieux pouvoir : la Force. La civilisation et la République, guidées par le Sénat Galactique, se sont étoffées... sans cesser de s'affaiblir. Les institutions gouvernementales se sont dégradées, et les Jedi ne sont plus que dix mille. Désormais la Force elle-même est en déséquilibre, et de grands bouleversements s'annoncent...

Coruscant

Coruscant, la ville-planète, siège du gouvernement galactique et centre de l'Univers connu, rassemble les représentants de tous les mondes affiliés. Les Jedi, garants de la paix et de la justice dans la Galaxie, sont désormais eux aussi basés à Coruscant, pour mieux servir le Sénat Galactique.

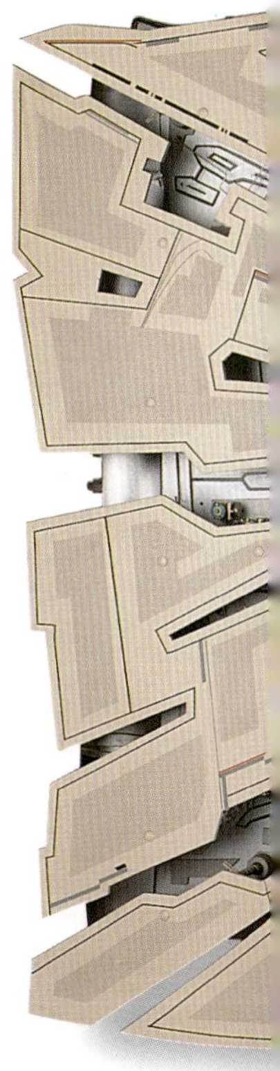

Les décisions et les actes du Grand Conseil des Jedi vont avoir une incidence directe sur le sort de la Galaxie tout entière, à mesure que les puissances des ténèbres concentrent leurs forces.

Dark Sidious

Après s'être patiemment insinué dans les rouages du gouvernement galactique, Dark Sidious, le Seigneur Sith, utilise sa profonde connaissance de la psychologie et de la bureaucratie pour parachever deux mille ans de complot Sith contre les Jedi.

Sur Coruscant se cachent les mystérieux Sith, un ordre ancien et obscur qui attend le premier signe de faiblesse de la République pour s'emparer du pouvoir galactique. Cette menace fantôme irradie bien au-delà de Coruscant : dans ses filets se prennent des individus et des mondes tout entiers.

Bien que ses lignes gracieuses et son revêtement chromé soient typiquement naboo, la Nef Royale est agencée autour d'une motorisation importée. En fait, c'est toute la société naboo qui est dépendante d'industries étrangères.

Naboo

La passion de ses habitants pour les arts et l'harmonie est au cœur de l'architecture décorative de cette petite planète, paisible et peu peuplée. Les Naboo n'ont pas conscience du bénéfice qu'ils retirent à vivre sous la protection du gouvernement galactique. Il faudra un drame pour qu'ils découvrent qu'ils ne doivent compter que sur eux-mêmes.

Otoh Gunga

Scintillante capitale des cités sous-marines de Naboo, Otoh Gunga s'enorgueillit d'être autosuffisante, vivant en autarcie comme toutes les autres villes gungan. Pourtant, les échanges pacifiques qu'elle entretient avec les Naboo lui sont vitaux. Confrontés à la menace de la Fédération du Commerce, les Gungan réalisent qu'ils ont besoin d'autrui.

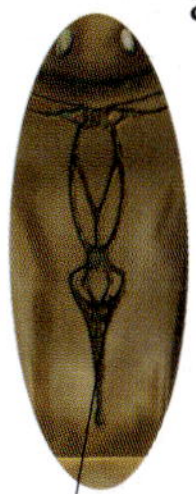

Le noyau hyperdrive

Stupéfiant exemple du style naboo, le noyau hyperdrive de la Nef Royale est un réseau dense de canaux effecteurs et de plans sous tension, qui propulse l'appareil à des vitesses supraluminiques. Quand son générateur, fabriqué sur Nubia, tombe en panne, les Naboo comprennent enfin combien ils dépendent du monde extérieur.

ATTERRISSAGE SUR TATOOINE
Son hyperdrive hors d'usage, la Nef Royale naboo se pose sur le monde désertique de Tatooine, où la reine Amidala doit trouver un abri.

Tatooine

Où s'arrête la République commence la Bordure Extérieure, frontière de l'extrême. Tatooine est dirigée par des gangsters et des magnats du commerce. Mos Espa semble aussi fruste que la planète elle-même, mais ses murs d'adobe cachent des climatisations : les apparences sont trompeuses sur Tatooine, comme le découvrent les passagers de la Nef Royale naboo quand ils rencontrent un jeune esclave nommé Anakin Skywalker.

Mace Windu

Mace Windu s'est trouvé au cœur de maints conflits. Son habileté de négociateur a grandi avec sa renommée.

LA SAGESSE DE CE MEMBRE éminent du Conseil des Jedi est proverbiale. Il a souvent risqué sa vie pour résoudre avec équité les crises les plus graves. Quoique posé, il ne craint pas l'action. Les Jedi les plus expérimentés recherchent son conseil en cas de difficultés. S'il est prêt au sacrifice de sa vie, Mace Windu n'aime pas risquer celle d'autrui. Il se montre d'ailleurs réservé devant l'enthousiasme du Jedi Qui-Gon Jinn pour Anakin Skywalker ; malgré son amitié pour Qui-Gon, Windu sent que le jeune garçon incarne un danger.

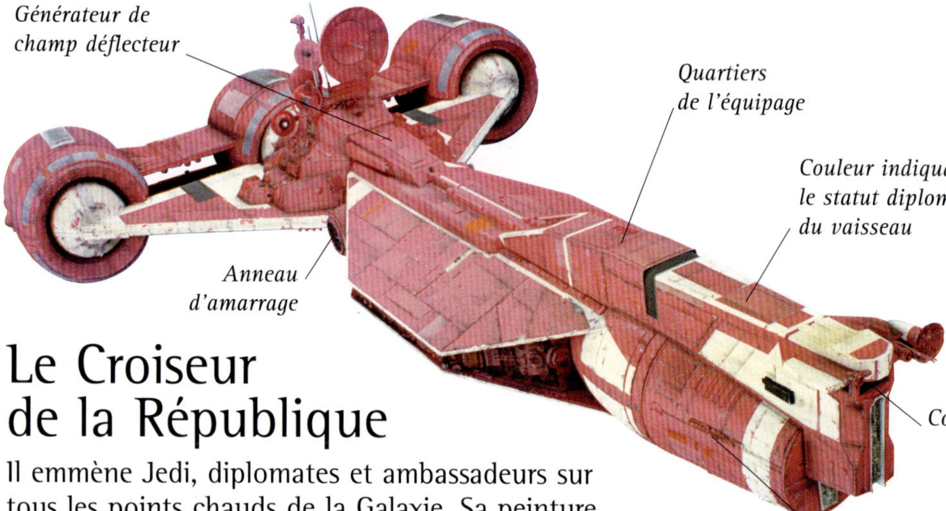

Le Croiseur de la République

Il emmène Jedi, diplomates et ambassadeurs sur tous les points chauds de la Galaxie. Sa peinture traduit sa neutralité politique, et les belligérants viennent négocier dans ses capsules-salons blindées.

Le Grand Conseil des Jedi est convoqué en secret par le Chancelier Suprême Valorum, du Sénat Galactique, pour régler la crise provoquée par la Fédération du Commerce. Mace Windu envoie en mission deux de ses meilleurs Jedi, mais il n'imagine pas quels dangers attendent le Maître Jedi Qui-Gon Jinn et son apprenti, Obi-Wan Kenobi...

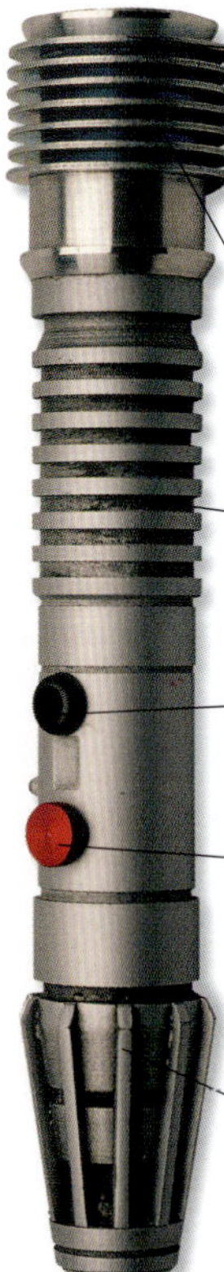

LE SABRE LASER DE MACE WINDU

NOTES

◆ Le sabre laser des Jedi symbolise leur préférence pour la défense plutôt que l'attaque, et leur attachement philosophique à l'esprit sain dans un corps sain.

◆ Ambassadeurs, médiateurs et conseillers, les Jedi ne sont guerriers qu'en dernier recours.

Yoda

À PLUS DE 800 ANS, Yoda est l'aîné du Grand Conseil des Jedi, et son membre le plus avisé. Autrefois grand voyageur, il a visité des centaines de mondes, approché bien des formes de vie et découvert bien des aspects de la Force. Yoda s'intéresse personnellement aux progrès de Qui-Gon Jinn et de son apprenti Obi-Wan Kenobi ; s'il reconnaît leurs grandes qualités, il ne partage guère leurs choix qu'il juge souvent "hasardeux".

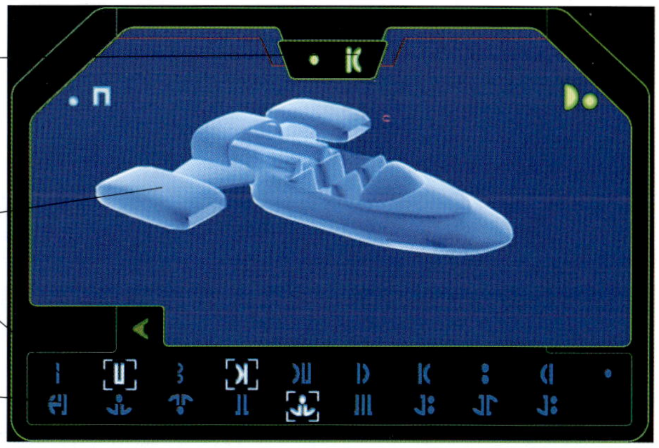

Écrans testeurs

Utilisés par le Grand Conseil des Jedi pour tester les apprentis, ces écrans multifonctions dépourvus de boutons n'obéissent qu'aux pouvoirs mentaux des Jedi. Il faut être en harmonie avec la Force pour pouvoir suivre les séries d'images qui défilent sur l'écran. Les membres du Conseil des Jedi eux-mêmes s'en servent pour s'entraîner.

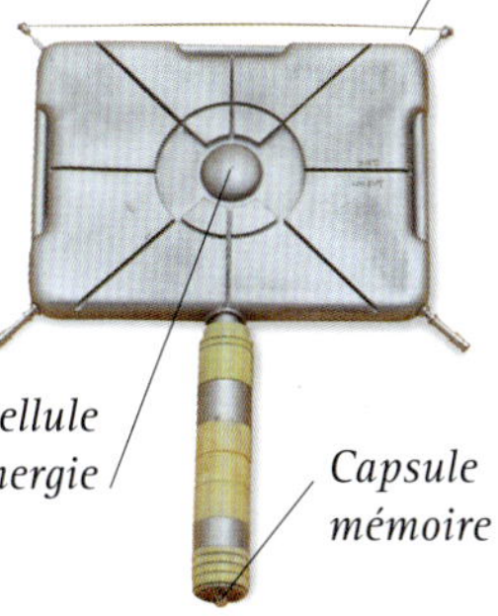

VUE ARRIÈRE

Les Jedi puisent leur pouvoir dans la Force, ce subtil champ d'énergie qui entoure tout ce qui vit. Elle leur confère des pouvoirs de télékinésie, de divination du passé comme du futur, et la capacité de lire les pensées d'autrui.

LE SABRE LASER DE YODA

À la lumière de l'expérience qu'il a accumulée, Yoda prend du recul en toute chose. Bien que désormais âgé, il est, avec Mace Windu, le plus sage des Jedi du Grand Conseil.

NOTES

◆ La canne de Yoda contient des substances botaniques naturelles, qui l'aident à méditer quand il les mâche.

◆ Voilà des années que Yoda n'a pas eu à dégainer son sabre laser spécial. Il préfère trouver des solutions pacifiques.

Le Grand Conseil des Jedi

IL EST CONSTITUÉ DE DOUZE MEMBRES, tous de grands esprits ayant fait la preuve de leurs capacités et de leur sens de la justice et de l'équité. Se sachant en harmonie avec la Force, ils travaillent en bonne intelligence. Leur Chambre du Conseil est un lieu de libre parole, de respect mutuel et de droiture. Le Conseil se compose de cinq membres permanents. Quatre autres siègent jusqu'à ce qu'ils choisissent de se retirer pour un successeur, et trois autres se joignent au Conseil pour des durées limitées. Cet équilibre assure au Conseil sagesse et vigueur.

EVEN PIELL
La cicatrice que ce Maître Jedi porte sur l'œil gauche est un souvenir laissé par des terroristes qui avaient commis l'erreur de le sous-estimer.

La Chambre du Conseil se situe au sommet de la flèche centrale du Temple Jedi à Coruscant. Les sièges des douze membres sont disposés sur la circonférence de la salle.

Saesee Tiin

C'est aux commandes des meilleurs vaisseaux spatiaux que ce pilote Iktotchi donne toute sa mesure. Sa capacité d'anticipation télépathique est précieuse pour le Conseil.

Yarael Poof

Ce Quermien est le spécialiste Jedi des pouvoirs mentaux : grâce à la Force, il peut faire cesser un conflit en retournant les angoisses des belligérants contre eux-mêmes.

Ki-Adi-Mundi

Chevalier Jedi originaire de Cerea, un monde resté paradisiaque, sa tête renferme un complexe cerveau binaire. Nouveau venu au Conseil, il ne s'est pas encore choisi d'élève Padawan.

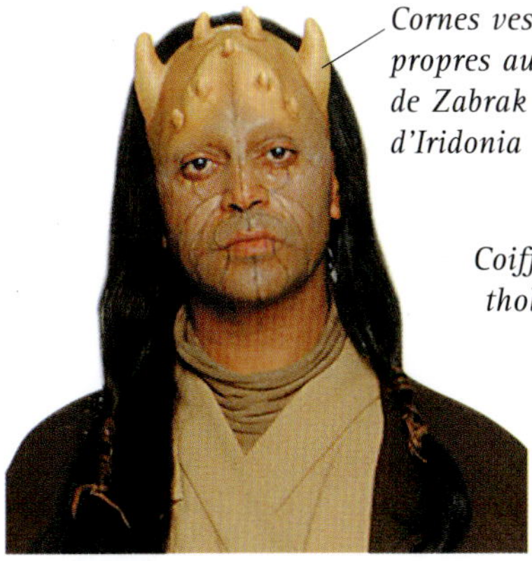

EETH KOTH
Les Zabrak d'Iridonia tels que lui sont réputés pour leur discipline mentale, qui leur permet d'endurer de grandes souffrances physiques. Dans leur monde natal, cette faculté est vitale.

OPPO RANCISIS
Oppo Rancisis a renoncé à son trône sur Thisspias pour se mettre au service de la Galaxie tout entière parmi les Jedi réunis sur Coruscant. Quand la diplomatie échoue, Rancisis veille à l'efficacité des tactiques militaires élaborées par les Jedi.

DEPA BILLABA
Ayant adopté la culture traditionnelle de Chalacta en l'honneur de ses parents assassinés, elle est une conseillère avisée du Conseil.

Adi Gallia

Née dans une famille de hauts diplomates de Coruscant, l'intuitive Adi Gallia est capable d'anticiper les propos d'autrui. Les nombreux contacts qu'elle entretient dans la machine politique de Coruscant font d'elle une source d'information sûre pour le Chancelier Suprême.

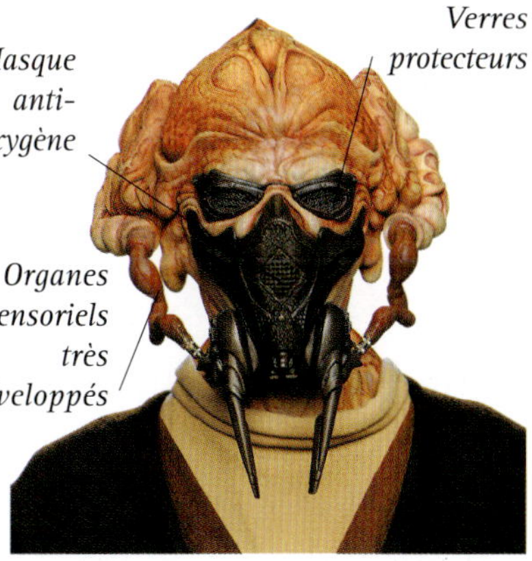

PLO KOON
Ce Kel Dor de Dorin protège ses yeux et son nez de l'atmosphère oxydante de Coruscant grâce à des équipements spéciaux.

Yaddle

Encore jeune à 477 ans, Maître Jedi et admiratrice de Yoda, dirige le Conseil avec compétence. Les rares commentaires qui émanent de sa voix douce sont toujours fondés.

NOTES

◆ Les 12 membres du Conseil ne reflètent pas la grande diversité des Jedi, qui rassemble des centaines d'espèces.

◆ Parmi les milliards d'espèces peuplant la Galaxie, très peu deviennent des Chevaliers Jedi : ils ne sont qu'une dizaine de milliers sur Coruscant.

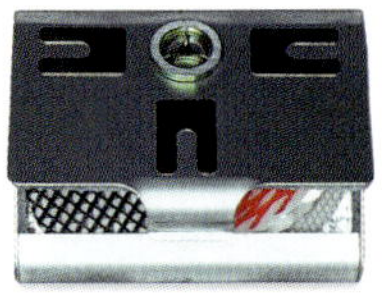

KIT DE TEST SANGUIN JEDI

Qui-Gon Jinn

UN MAÎTRE JEDI

BIEN QU'IL AIT AMPLEMENT DÉMONTRÉ aux dirigeants Jedi toutes ses qualités, Qui-Gon Jinn ne tient cependant pas en place, malgré sa maturité de Maître Jedi. Quand il croise le jeune Anakin Skywalker sur Tatooine, Qui-Gon Jinn acquiert la certitude que le destin de la Galaxie est lié à celui du garçon. En prenant fait et cause pour Anakin Skywalker, Qui-Gon Jinn met en branle des événements qui finiront par restituer son équilibre à la Force... mais il y aura un prix à payer.

Sur le monde désertique de Tatooine, Qui-Gon Jinn ne désire pas être identifié comme Jedi. Il troque donc sa toge contre le modeste poncho des colons et des fermiers locaux.

LE CROISEUR DE LA RÉPUBLIQUE
C'est à bord du vaisseau diplomatique Radiant VII que s'embarque Qui-Gon pour la mission qui lui a été assignée par le Chancelier Suprême du Sénat Galactique.

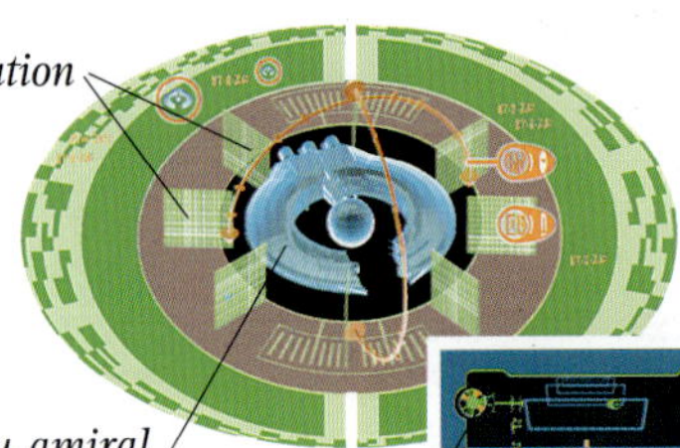

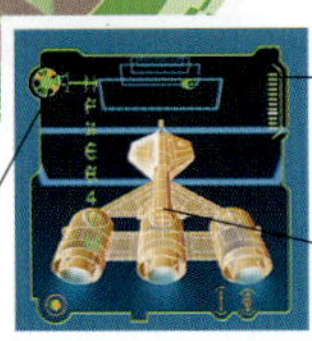

Lorsque le Radiant VII atterrit dans le hangar du vaisseau amiral de la Fédération du Commerce ses moniteurs assurent la précision de la manœuvre.

NAVISPHÈRE

Le sabre laser

Suivant les goûts de son temps, Qui-Gon s'est construit un sabre laser élaboré. La poignée ouvragée contient des cellules d'énergie petites mais nombreuses, et des microcircuits gèrent la nature de la lame d'énergie. Les sabres lasers ordinaires, construits ailleurs qu'au Temple Jedi de Coruscant, contiennent une seule cellule d'énergie.

Qui-Gon Jinn est un membre éminent de l'ordre Jedi, bien connu du Grand Conseil. Toutefois, en dépit des éminents services qu'il a rendus en tant que Chevalier et Maître Jedi, il ne siège pas au Conseil, son tempérament ayant parfois dressé violemment contre lui ses pairs et aînés Jedi.

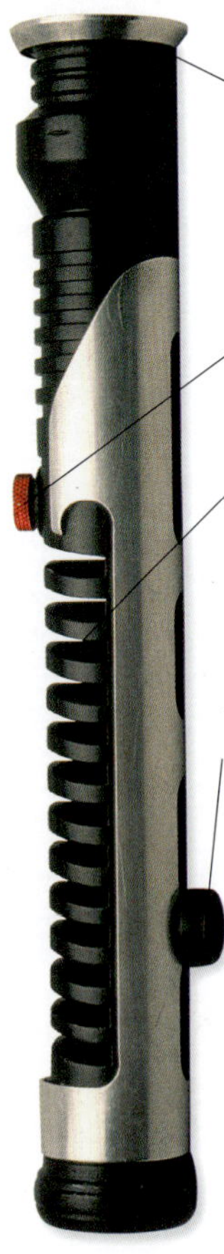

LE SABRE LASER DE QUI-GON JINN

L'holoprojecteur

C'est l'un des outils de Qui-Gon. Couplé à un comlink, il permet de transmettre un hologramme, mais peut aussi être utilisé seul, en tant qu'enregistreur et projecteur d'images.

Qui-Gon y a chargé des images tirées des banques de données techniques de la Nef Royale Naboo. Il espère s'en servir pour trouver des pièces de rechange, après l'atterrissage sur Tatooine.

LES TOYDARIANS
Certaines espèces sont presque insensibles aux pouvoirs mentaux des Jedi. Quand il rencontre Watto sur Tatooine, Qui-Gon Jinn n'a jamais entendu parler des Toydarians, et il découvre que le pouvoir de suggestion de la Force ne suffit pas à convaincre le ferrailleur de l'aider.

Comlink

Ce modèle miniaturisé permet à Qui-Gon Jinn de garder le contact avec Obi-Wan Kenobi quand ils opèrent séparément. D'allure anodine, il comprend pourtant un système de sécurité complexe, et un projecteur de silence qui garantit la confidentialité des conversations.

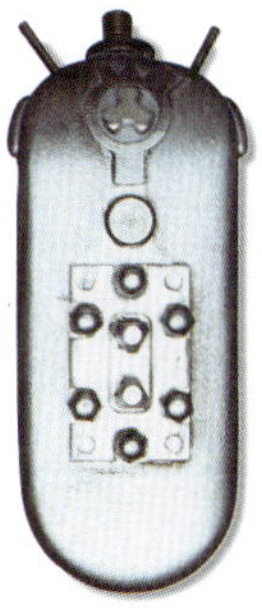

COMLINK VU DE DERRIÈRE

Dès leur rencontre, Qui-Gon est persuadé qu'Anakin est celui qu'on attend pour restaurer l'équilibre de la Force. Le Jedi n'en démordra pas, même contre l'avis des membres du Grand Conseil des Jedi, y compris Yoda, qui sent que le garçon incarne un danger.

Qui-Gon Jinn a obtenu le rang de Maître quand son premier apprenti Padawan est devenu Chevalier. Il a échoué avec le deuxième, mais Obi-Wan, son troisième Padawan, est un élève digne de l'enseignement de Qui-Gon Jinn.

Sur Tatooine, Qui-Gon Jinn affronte un guerrier Sith qui manie un sabre laser redoutable. Bien que cette arme soit rare entre les mains de non-Jedi, le duel au sabre laser fait partie de la formation classique des Jedi.

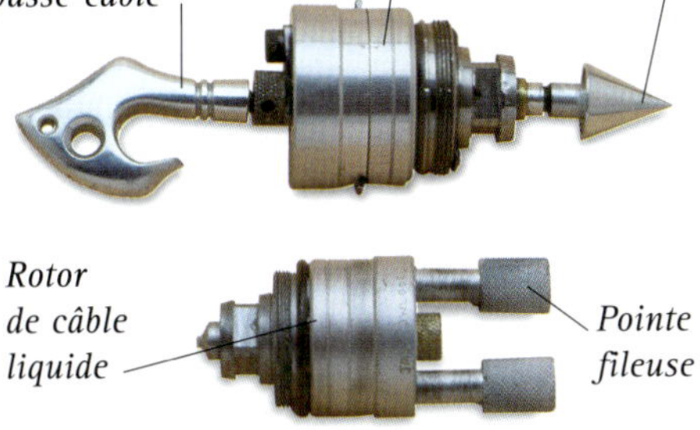

DES OUTILS DE JEDI

NOTES

◆ Les ateliers Jedi de Coruscant fournissent aux initiés le matériel nécessaire à la fabrication de leur sabre laser, dont la bonne réalisation prouvera leur accord avec la Force.

◆ La cupidité et les intrigues politiques minent la République. Pour restaurer une paix durable dans la Galaxie, Qui-Gon Jinn a la volonté d'œuvrer plus activement que les autres Jedi.

Obi-Wan Kenobi

CHEVALIER JEDI

OBI-WAN KENOBI est entré dans la Chevalerie Jedi en tant qu'apprenti Padawan du Maître Qui-Gon Jinn. Influencé par les autres dirigeants Jedi autant que par Qui-Gon, Obi-Wan se montre plus mesuré que son professeur, et n'aime pas s'opposer au Grand Conseil. Calme et doté d'un sens de l'humour cassant, Obi-Wan tient pour un honneur d'être l'élève de Qui-Gon, même s'il s'inquiète de voir celui-ci défier le Conseil. Obi-Wan suit l'exemple de Qui-Gon Jinn tout en affirmant sa propre personnalité.

CEINTURE À ACCESSOIRES

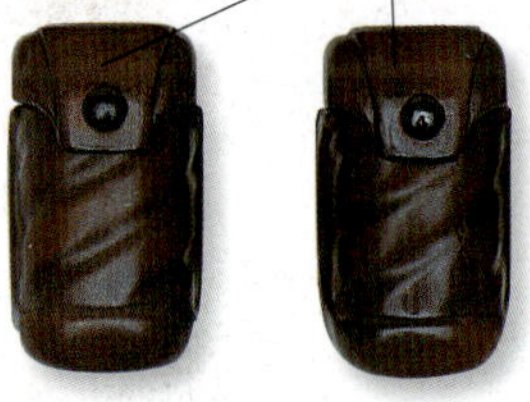

SACOCHES D'ACCESSOIRES
En mission, un Jedi emporte un équipement réduit à l'essentiel : capsules de nourriture, matériel de soin, outils multiusage.

SACOCHE À RESPIRATEUR

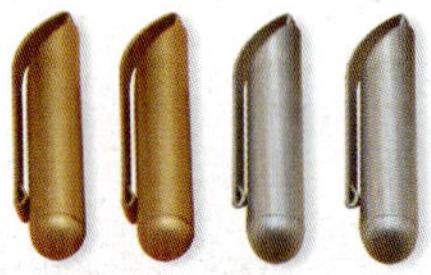

CAPSULES ÉNERGÉTIQUES ET ALIMENTAIRES

L'équipement du Jedi

Le dépouillement de la tenue des Jedi s'accorde à leur philosophie comme à leur vocation de grands voyageurs. La ceinture utilitaire du Jedi ne contient que le minimum : on enseigne aux initiés qu'un Jedi se fie à son esprit, et non à ses accessoires.

Respirateurs Aquata A99

Les Chevaliers Jedi de cette époque-ci dissimulent sous leur toge ou dans leurs sacoches utilitaires divers accessoires high-tech. Sur Naboo, planète presque exclusivement aquatique, Obi-Wan et Qui-Gon utilisent des respirateurs Aquata A99, d'une autonomie de deux heures. En d'autres temps les Jedi ont préféré se dispenser d'outils technologiques pour ne compter que sur eux-mêmes.

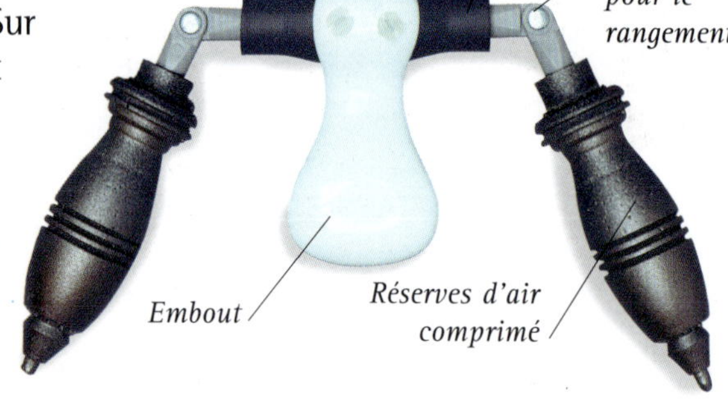

Face aux sbires mécaniques de l'armée droïde de la Fédération du Commerce, Obi-Wan ne retient pas ses coups, comme il le ferait contre des créatures vivantes, mais il ne perd pas pour autant ses facultés de concentration.

Le sabre laser

À l'exception d'options affectant la taille et la puissance de la lame, tous les sabres lasers se ressemblent, même si, étant construits par chaque initié, on y décèle toutefois des choix individuels. La plupart des apprentis Padawan conçoivent leur sabre laser à l'image de celui de leur professeur, en hommage à lui.

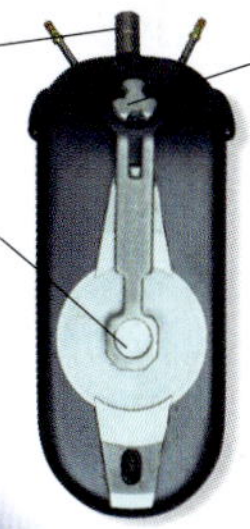

LE COMLINK D'OBI-WAN KENOBI

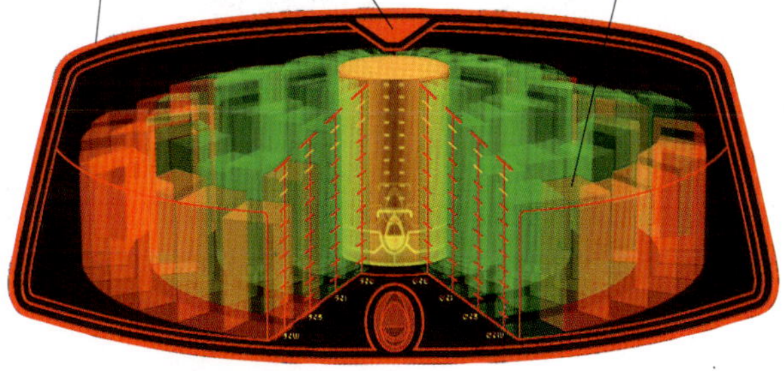

Obi-Wan Kenobi considère qu'Anakin Skywalker représente un danger, comme compagnon de voyage et comme Jedi potentiel. À la demande de Qui-Gon Jinn, il accepte pourtant d'en faire son apprenti. Une longue et cruelle relation s'engage...

L'hyperdrive

Pendant que Qui-Gon Jinn part à la recherche d'un nouveau générateur pour la Nef Royale de Naboo, Obi-Wan Kenobi reste à bord et prépare le noyau de l'hyperdrive pour la réparation.

Excellent duelliste au sabre laser, Obi-Wan Kenobi est un adversaire de taille pour Dark Maul. Le Seigneur Sith puise son énergie au combat dans le côté obscur de la Force. Obi-Wan, sur le point de succomber, est lui-même tenté d'y recourir, afin de mieux défaire son ennemi.

NOTES

◆ La toge d'un Jedi ressemble à celle que de nombreuses espèces portent couramment dans la Galaxie. Elle manifeste son vœu de servir les citoyens les plus humbles.

◆ Obi-Wan Kenobi reste fidèle à Qui-Gon Jinn, au risque d'entrer en conflit avec le Grand Conseil des Jedi.

Les Neimoidiens

LES JEUNES NEIMOIDIENS vivent à l'état de larves jusqu'à l'âge de sept ans, dans des ruches communes où ils sont peu nourris. Les moins avides meurent, les autres font des réserves. Ainsi s'expliquent l'avidité naturelle des Neimoidiens et leur terreur de la mort. Adultes, ce sont de redoutables organisateurs. Poussés par leur appétit de possessions, ils commercent dans toute la Galaxie. Les Neimoidiens dirigent la Fédération du Commerce, une organisation labyrinthique de bureaucrates et de négociants qui s'est infiltrée partout.

LA ROBE NEIMOIDIENNE
La tenue vestimentaire élaborée des Neimoidiens traduit leur obsession de la position sociale : chapeaux, capes et manteaux, couleurs et tissus, tous ont un sens symbolique dans cette société où chacun jalouse autrui.

LE BLOCUS DE NABOO
Quand le Sénat Galactique soumet à impôts les anciennes Zones de Libre-Échange, l'énigmatique Dark Sidious convainc la Fédération du Commerce de riposter de façon agressive en mettant sous blocus la planète Naboo ; ce faisant, il espère mettre un terme aux nouvelles réglementations.

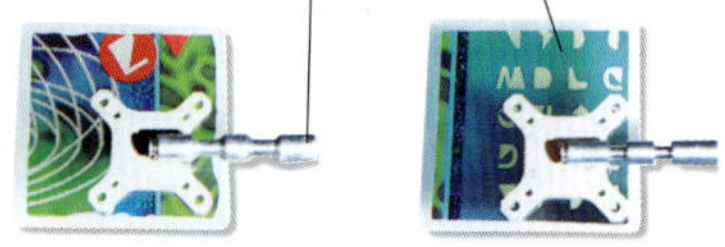

PUCES DE CONVOCATION DE DARK SIDIOUS

MODULE DE STÉRILISATION HERMÉTIQUE DE NAVETTE

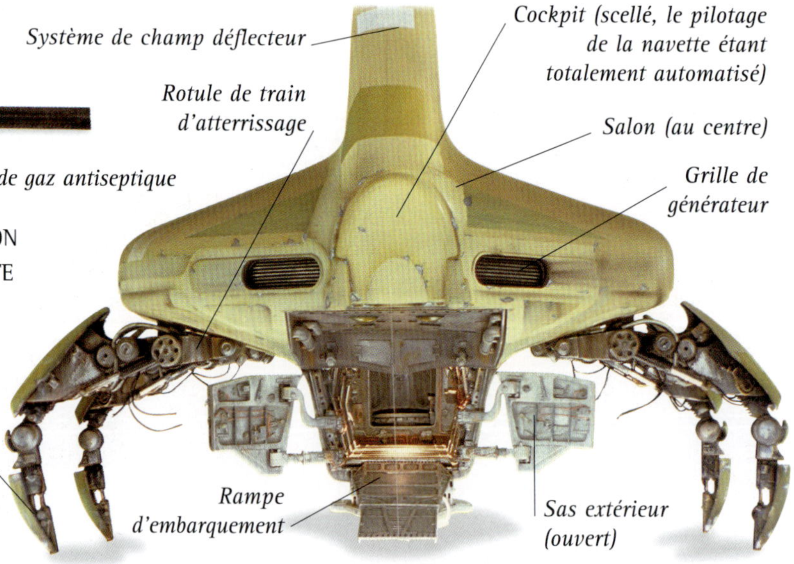

LA NAVETTE NEIMOIDIENNE
La navette neimoidienne, dont la forme évoque les scarabées géants domestiqués de Neimoidia, transporte les officiers négociants depuis les cargos orbitaux jusqu'aux planètes et aux hangars des autres vaisseaux. Les griffes d'atterrissage pointues ne servent que sur surface dure, les Neimoidiens répugnant à se poser ailleurs.

Lott Dod

La Fédération du Commerce est si puissante qu'elle a un membre au Sénat Galactique : Lott Dod. Abusant des procédures bureaucratiques, Lott Dod intrigue au profit de la Fédération, dont les intérêts sont menacés par les nouveaux impôts qu'il n'a cependant pas réussi à empêcher.

Rune Haako

Officier d'Implantation des forces armées de la Fédération du Commerce, il est attaché diplomatique et conseiller légal auprès de Nute Gunray. Haako a la réputation de traiter ses partenaires commerciaux comme des ennemis à ruiner jusqu'au dernier crédit.

Les Neimoidiens sont prudents de nature, et la Fédération du Commerce a toujours eu soin de nier ses manigances en protestant de sa bonne foi. Son agression caractérisée contre Naboo est une nouveauté, et Gunray et Haako s'inquiètent des risques d'escalade.

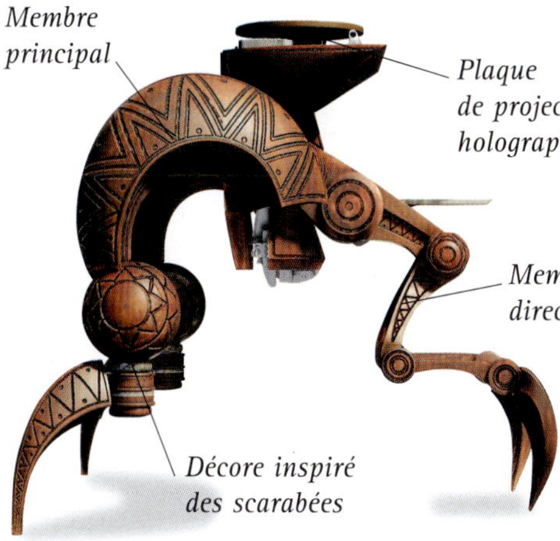

LA MÉCANOCHAISE
La mécanochaise mobile n'est ni confortable ni pratique : elle est seulement hors de prix,

et rehausse le prestige de son propriétaire. Elle sert aussi de plate-forme de communications holographiques.

Nute Gunray

Vice-roi Commandant de la Fédération du Commerce, Nute Gunray a un pouvoir étendu et siège au Bureau Exécutif. Fourbe et prêt à tout pour atteindre ses buts mercantiles, Gunray commande la flotte de l'armée secrète depuis la passerelle du vaisseau amiral.

NOTES

◆ Le talent organisationnel des Neimoidiens vient de ce qu'ils gèrent des ruches géantes et de vastes fongifermes sur leur monde natal, Neimoidia.

◆ Les cargos de la Fédération du Commerce constituent un spectacle familier dans l'orbite de nombreux mondes.

Les forces d'invasion

LE BLOCUS NE RÉUSSISSANT PAS à intimider sa reine, la Fédération du Commerce choisit d'envahir Naboo. Le Seigneur Sith Dark Sidious persuade le vice-roi Nute Gunray de déployer une immense armée secrète, cachée dans les hangars de cargos militarisés. Le Neimoidien est persuadé que les veules politiciens du Sénat Galactique ne s'y opposeront pas.

Dans ce projet odieux, le vice-roi est secondé par Daultay Dofine, le peureux commandant du vaisseau amiral de la flotte de guerre.

Daultay Dofine, aux ordres du vice-roi, Nute Gunray

Daultay Dofine

Commandant du vaisseau amiral de la Fédération du Commerce, Daultay Dofine a fait carrière grâce à sa haute naissance, sa duplicité et son obséquiosité. Néanmoins, les projets audacieux de Dark Sidious l'effraient. Il découvrira que nul ne se soucie de son avis.

Une flotte de barges de débarquement C-9979 dépose les forces d'invasion sur Naboo. Ces appareils transportent blindés et troupes de combat dans leurs carlingues et leurs ailes à répulseurs. Par groupes de trois, ils isolent les cités Naboo les unes des autres.

Envoyés sur les sites stratégiques, les TMT suivent des itinéraires programmés.

Parfait exemple de l'obsession des Neimoidiens pour le profit, la peinture bas de gamme des engins de guerre de la Fédération du Commerce est déjà très écaillée, alors qu'avant d'être déployés sur Naboo ils n'ont connu que des entraînements.

NOTES

◆ Simulations et attaques contre des pirates qui menaçaient les routes commerciales ont permis de vérifier que l'armée de la Fédération du Commerce est parfaitement invincible... semble-t-il.

◆ Opulents, arrogants, les Neimoidiens dédaignent les efforts physiques, préférant les confier à des droïdes.

Le droïde protocolaire TC-14 ignore tout du complot tramé contre les ambassadeurs Jedi du Chancelier Suprême. Quand les deux visiteurs sont empoisonnés au gaz, TC-14 s'efface, allant jusqu'à s'excuser auprès des droïdes de combat.

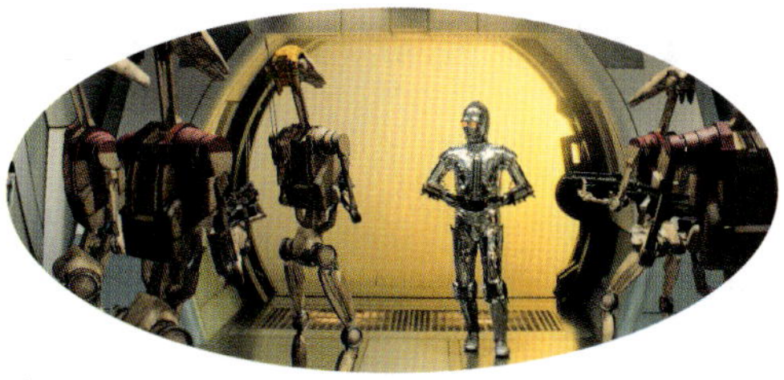

Le pilote Naboo Ric Olié évite de peu la collision quand il tente d'échapper aux cargos militaires neimoidiens, dont il a sous-estimé la puissance de feu.

TC-14

TC-14 fait office de serviteur du vice-roi Nute Gunray et de Rune Haako, et d'interprète lors de négociations commerciales avec des cultures étrangères. TC-14 sert souvent à distraire l'attention des invités officiels pendant qu'on les manipule à leur insu.

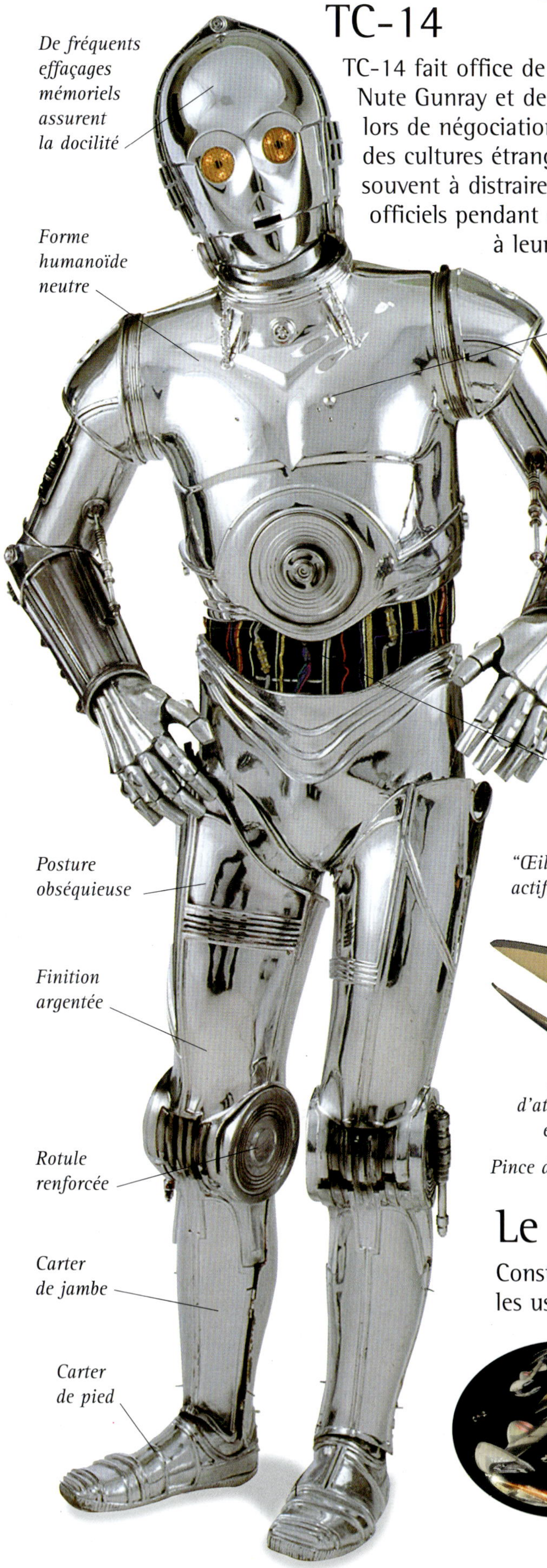

De loin, les cargos de la Fédération du Commerce semblent inoffensifs... jusqu'à ce que leurs batteries quadrilaser ouvrent le feu.

Les cargos militaires

Pour transporter son armée, la Fédération du Commerce a secrètement reconverti sa flotte commerciale en vaisseaux de guerre. Ces navires maquillés, remplis d'engins militaires, se mettent en orbite au-dessus des ennemis (que la Fédération du Commerce préfère appeler “futurs clients”).

VUE DE PROFIL

MODE QUADRUPÉDIQUE

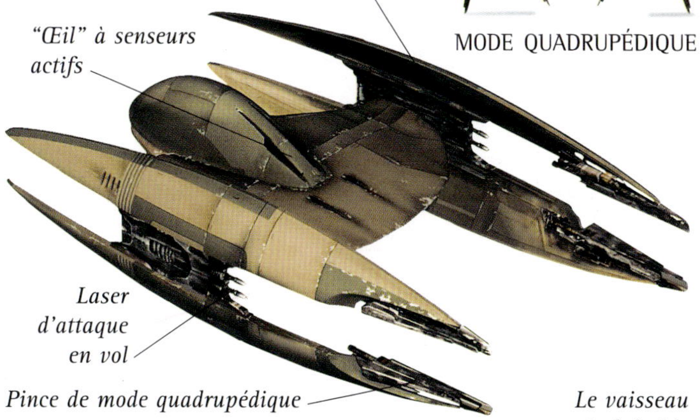

Chacun des éléments de l'armée droïde de la Fédération du Commerce est commandé par l'ordinateur central de contrôle du vaisseau amiral droïde. Privés de ce signal, ils tomberaient tous en panne. Détruire le vaisseau amiral annihilerait donc toutes les forces d'invasion.

Le chasseur droïde

Construit pour la Fédération du Commerce par les usines cathédrales de Xi Char, c'est une machine complexe, à géométrie variable. Ses longues pinces cachent de redoutables canons laser et, au sol, ses “ailes” se transforment en pattes quand le chasseur se met en mode quadrupédique.

Les droïdes de combat

LA RÉPUBLIQUE a toujours confié aux Chevaliers Jedi le soin d'apaiser les tensions qui la parcouraient. Aujourd'hui, les quelques armées encore existantes sont réservées aux cérémonies, car toute armée est une menace déclarée pour la paix galactique. Pourtant, alors que le Sénat Galactique se perdait en interminables arguties, la puissante Fédération du Commerce a tranquillement constitué une gigantesque armée de soldats droïdes, sans âme, obéissant aveuglément à leurs maîtres. Leur déploiement sur la paisible planète Naboo sonne le glas de la concorde dans la Galaxie.

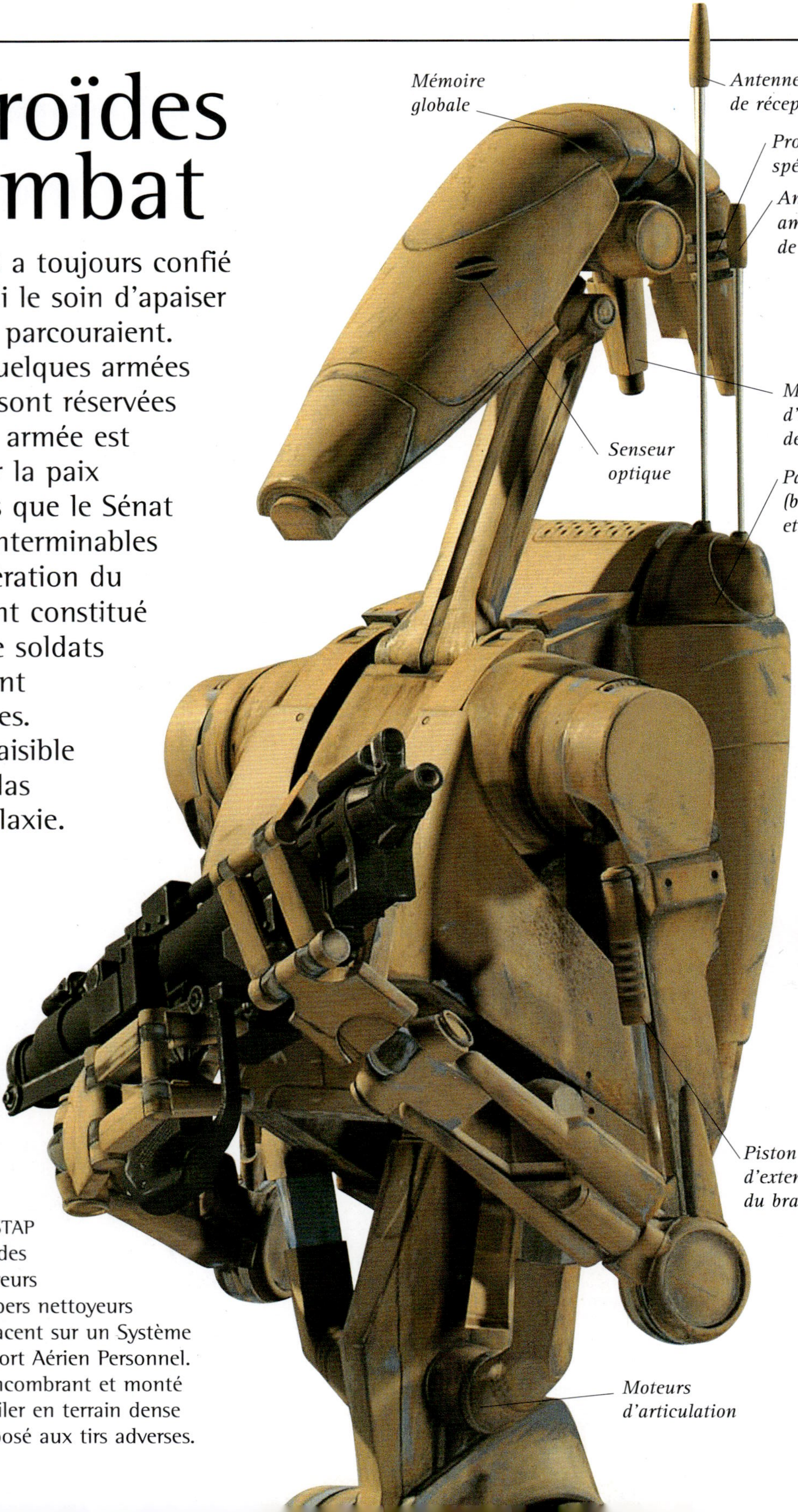

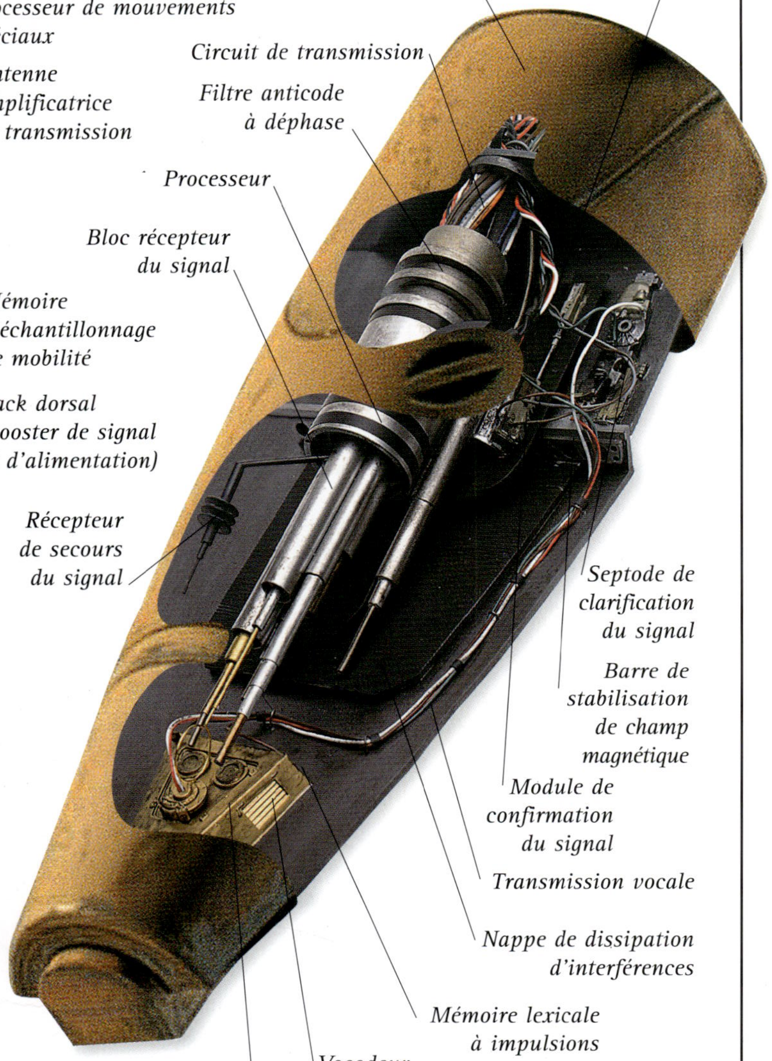

LE STAP Droïdes éclaireurs et snipers nettoyeurs se déplacent sur un Système de Transport Aérien Personnel. Armé, peu encombrant et monté sur répulseur, le STAP peut se faufiler en terrain dense ou couvert, mais son pilote est exposé aux tirs adverses.

La tête

Dépourvue de cerveau individuel, elle contient le volumineux récepteur du signal de contrôle. De petits processeurs retransmettent à l'ordinateur central de contrôle les données de mouvements et de perception, et un vocodeur permet au droïde de parler.

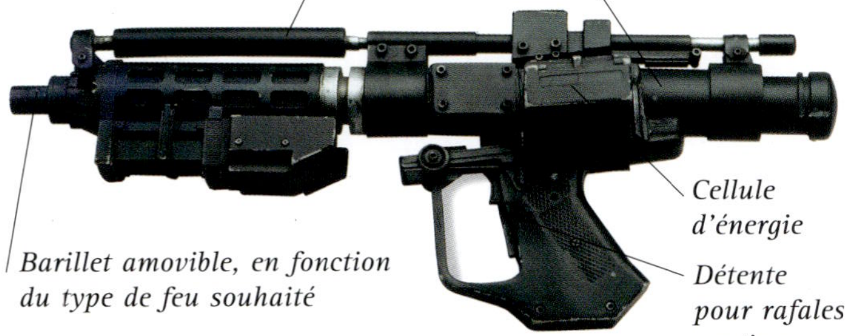

Le blaster du droïde de combat

Totalement pilotés par l'ordinateur central de contrôle, les droïdes de combat sont conçus pour être incapables d'indépendance et dépourvus de facultés d'apprentissage, car bien que leur précision de tir soit faible, ils manient des blasters redoutables.

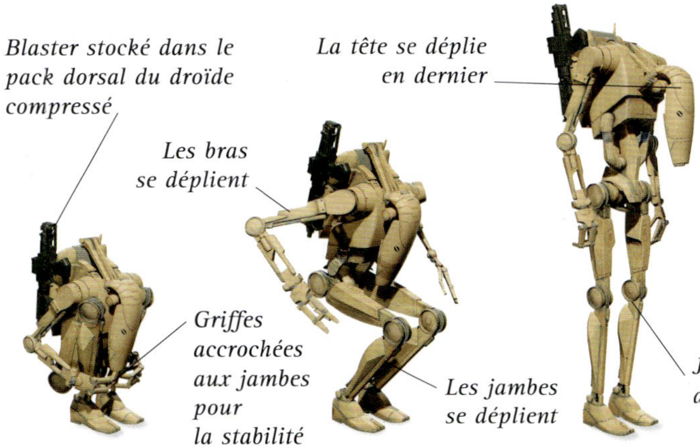

UN DROÏDE PLIANT
Par souci d'encombrement, les droïdes de combat sont conçus pour se replier sur eux-mêmes. Dans cette configuration, ils tiennent à 112 dans le bras télescopique du TMT.

Quand un Neimoidien meurt, ses méninges se dessèchent puis pendent à l'arrière de son crâne, dont la forme se modifie. L'aspect macabre et terrifiant que revêtent les droïdes est inspiré du squelette neimoidien.

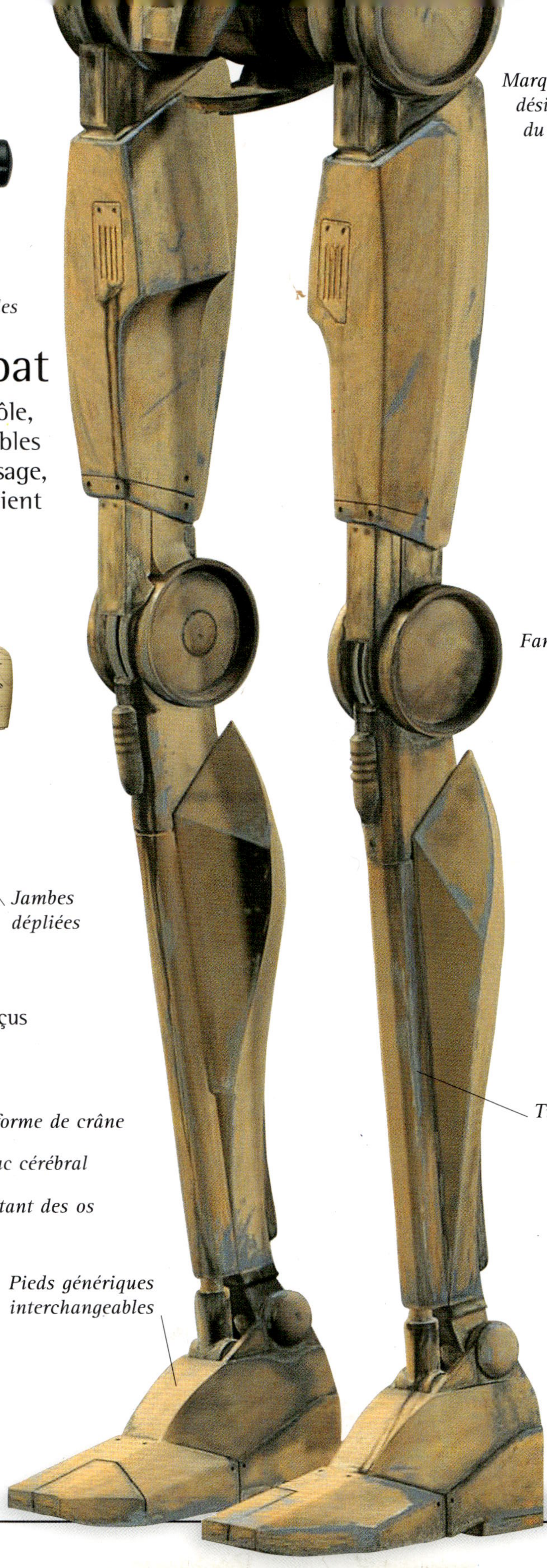

de commandement

Certains droïdes de combat, tels les OOM-9, sont Officiers de Commandement, afin de relayer les communications entre la Fédération du Commerce et les troupes droïdes. Les processeurs de l'ordinateur central de contrôle transmettent ses ordres aux droïdes officiers via des canaux prioritaires.

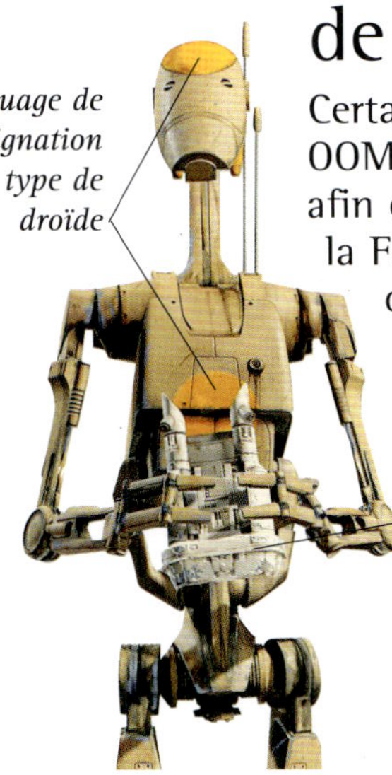

OOM-9

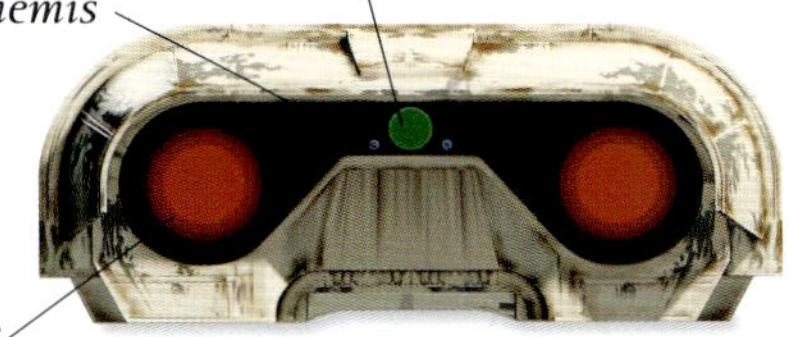

MACROBINOCULAIRES D'OFFICIER

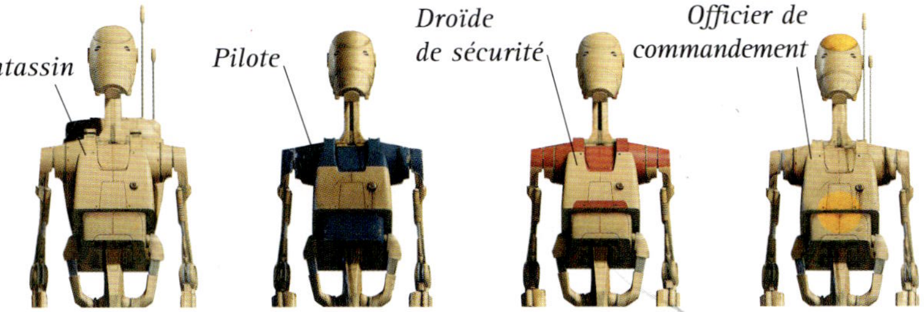

LES MODÈLES DE DROÏDES
Les droïdes de combat sont tous identiques, quelle que soit leur fonction. Toutefois, afin d'accroître leurs performances, ils disposent de sous-routines préprogrammées. Fantassins et Officiers de Commandement portent des packs dorsaux qui augmentent leur autonomie énergétique.

1 2 3 4 5 6 7 8 9

CHIFFRES DE L'ALPHABET GALACTIQUE IDENTIFIANT CHAQUE DROÏDE

NOTES

- ◆ Privé de processeurs de pensée individuelle, le droïde de combat ne connaît ni peur, ni lâcheté, ni pitié.
- ◆ La fluidité des mouvements du droïde de combat est obtenue par prédigitalisation de la gestuelle d'un soldat vivant, transmise à chaque droïde par l'ordinateur central de contrôle.

Les droïdes destroyers

POUR PALLIER LES LACUNES des droïdes de combat, un appel d'offre fut lancé pour la création d'une arme autrement redoutable. Sur une planète éloignée du cœur de la République, une espèce chitineuse, les Colicoïd, créa un droïde de combat à sa propre image. Les Colicoïd sont réputés pour leur insensibilité, et le système de Colla IV a connu maints ennuis, suite à la disparition d'hôtes de passage dévorés. Le droïde destroyer a comblé les attentes des officiers de la Fédération du Commerce : c'est une formidable machine à tuer.

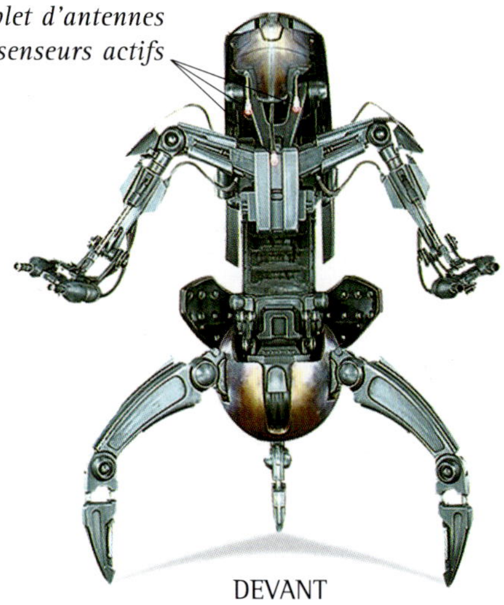

DEVANT

Face à son adversaire, un droïde destroyer oppose ses armes, son aspect terrifiant et une surface de cible réduite. Il est rare qu'on ait le temps de lui riposter.

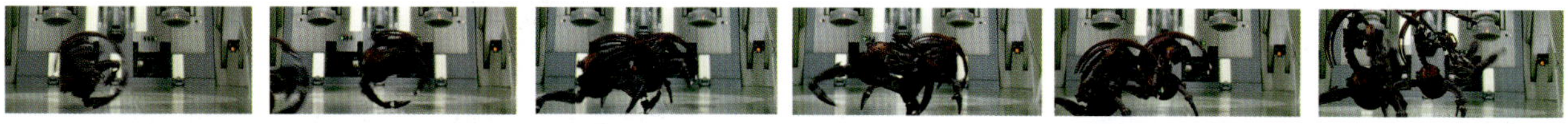

En combinant vitesse et répulseurs, le droïde destroyer passe en quelques secondes de sa forme circulaire à la position debout, prêt à l'attaque. Sa métamorphose, qui évoque le schéma d'attaque du Colicoïd adulte, prend l'adversaire en défaut... ce pour quoi il a été conçu. Face à son adversaire, un droïde destroyer oppose ses armes, son aspect terrifiant et une surface de cible réduite. Il est rare qu'on ait le temps de lui riposter.

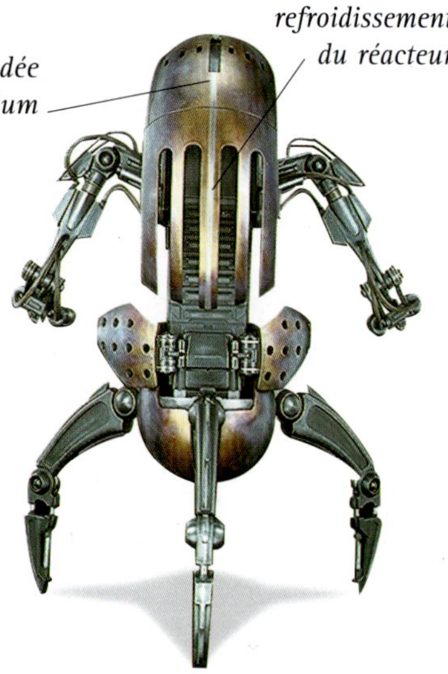

DERRIÈRE

L'ennemi qui attaque un droïde destroyer dans le dos découvre que son armure est très efficace, et ses membres difficiles à atteindre.

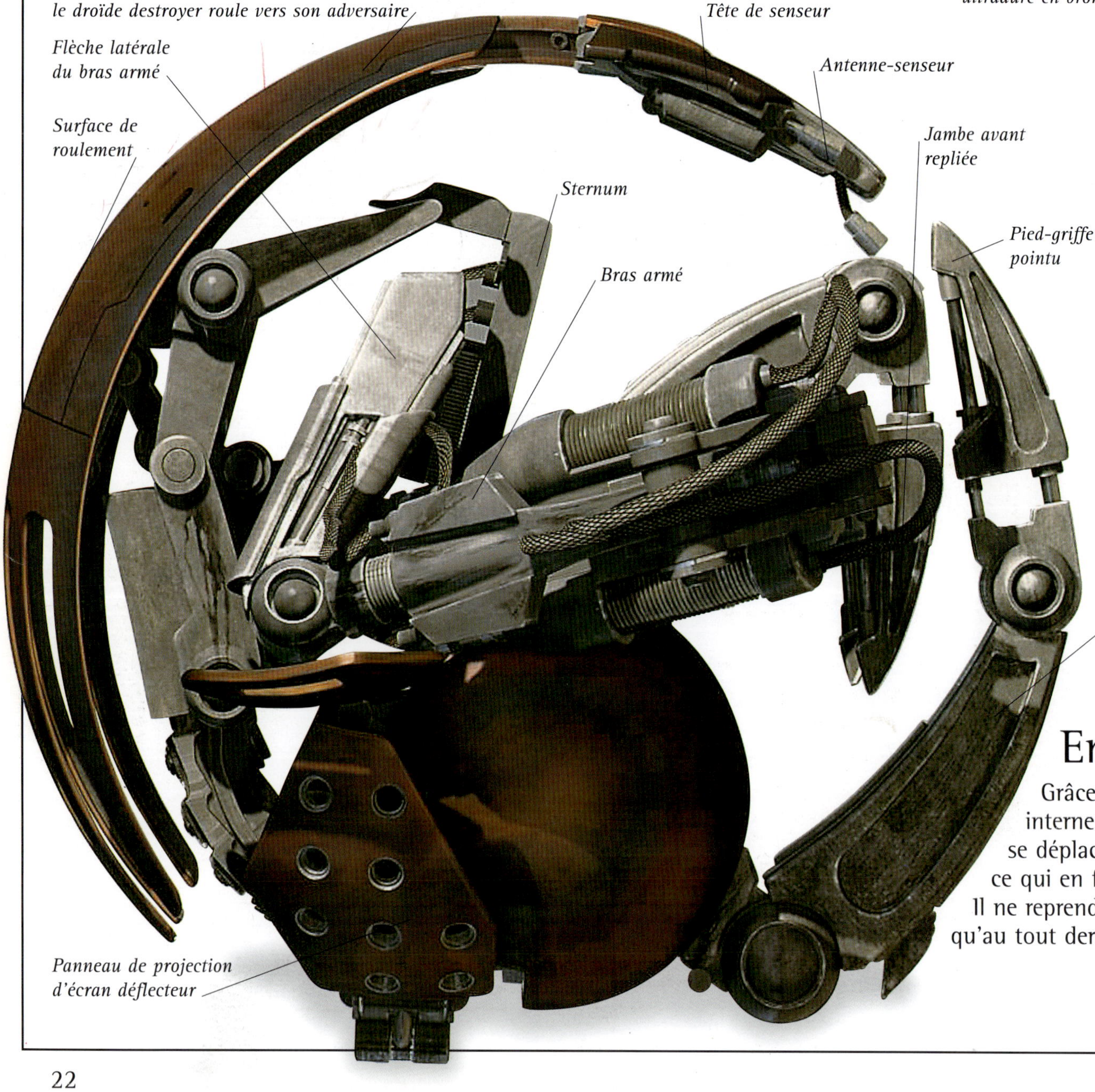

En forme de roue

Grâce à ses microrépulseurs internes, le droïde destroyer se déplace sous la forme d'une roue, ce qui en fait une cible rapide et fuyante. Il ne reprend sa silhouette de combattant qu'au tout dernier instant.

Qui-Gon Jinn et Obi-Wan Kenobi peuvent faire face aux droïdes de combat, mais quand les droïdes destroyers attaquent, les Jedi ne peuvent pas les contenir, et Qui-Gon comprend qu'ils doivent fuir.

Les droïdes destroyers sont presque invincibles, car ils possèdent des générateurs intégrés d'écrans déflecteurs pour affaiblir, voire annihiler, le feu adverse.

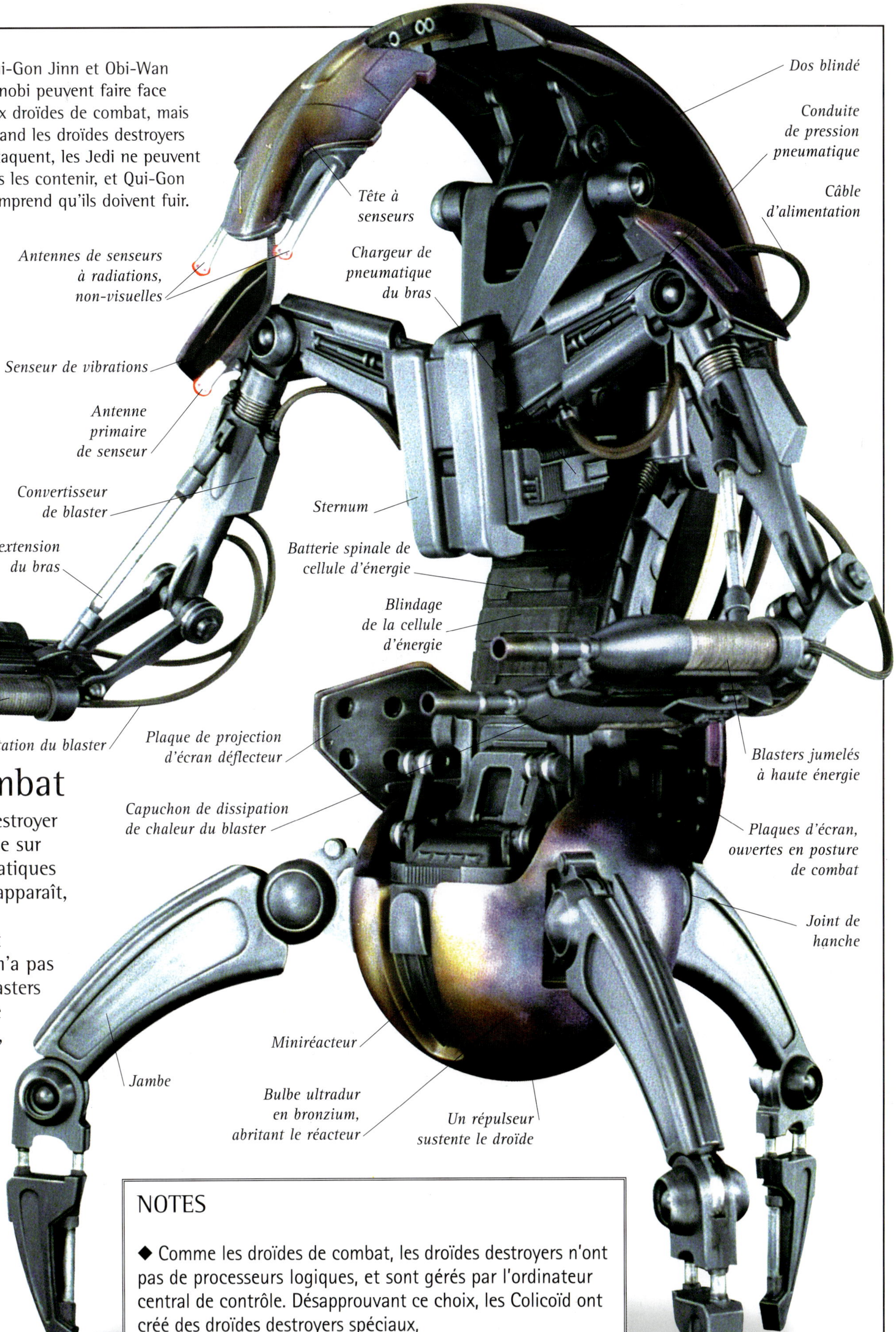

La posture de combat

Sur point d'attaquer, le droïde destroyer se déploie rapidement et se dresse sur ses trois jambes. Ses bras pneumatiques se déplient et sa tête effrayante apparaît, dardant ses senseurs de traque rougeoyants. Dédié au combat et spécialisé dans la destruction, il n'a pas de mains mais deux puissants blasters jumelés. Contrairement au droïde de combat, de conception légère, chaque élément du droïde destroyer est en alliage lourd ou blindé.

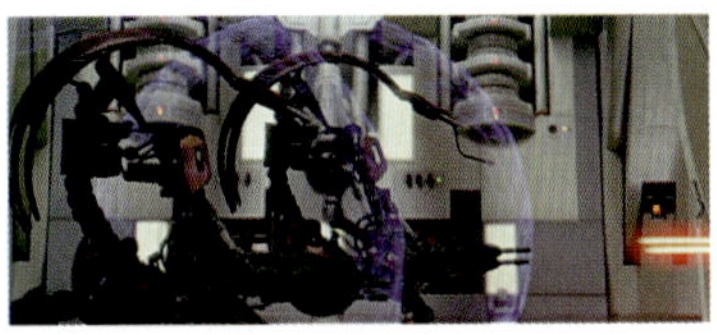

Le miniréacteur intégré génère les écrans du droïde destroyer, alimente ses blasters et assure sa locomotion, grande consommatrice d'énergie.

NOTES

◆ Comme les droïdes de combat, les droïdes destroyers n'ont pas de processeurs logiques, et sont gérés par l'ordinateur central de contrôle. Désapprouvant ce choix, les Colicoïd ont créé des droïdes destroyers spéciaux, dotés d'un cerveau informatique.

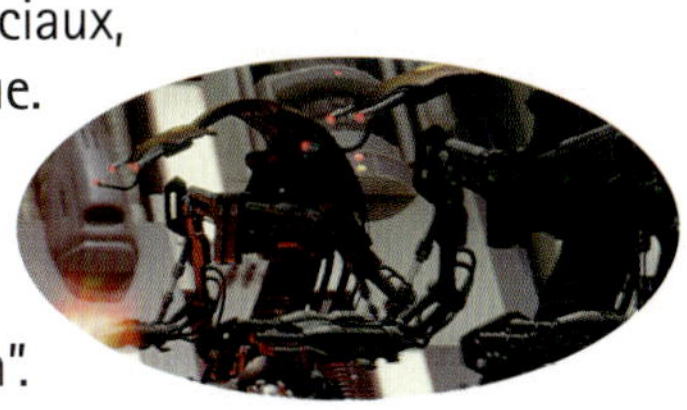

◆ Les droïdes destroyers sont connus dans la Galaxie sous le nom de "droïdes de destruction".

La reine Amidala

LA REINE DU PEUPLE NABOO n'a que 14 ans. Ses dons exceptionnels furent décelés alors qu'elle vivait avec ses parents dans un petit village de montagne. Après une formation appropriée elle devint à 12 ans Princesse de Theed, la capitale de Naboo, et fut élue reine après que le précédent souverain, Veruna, eut abdiqué, suite à un scandale de politique étrangère. Les Naboo espéraient qu'Amidala prendrait leurs intérêts à cœur... mais ils ignoraient quelle crise se préparait.

Robe du trône

Amidala s'inspire des traditions vestimentaires et cosmétiques de la royauté Naboo pour manifester son attachement à sa fonction. Quand elle paraît dans la salle du trône du Palais, elle dégage une image de grande détermination.

Amidala donne ses audiences au Palais de Theed, où elle écoute les rapports du Conseil Consultatif. Elle sait inspirer le respect, même chez un homme aussi endurci que le Capitaine Panaka.

ROBE DE RÉSIDENCE À L'ÉTRANGER
Sur Coruscant, Amidala porte une robe noire, accordée à la gravité de sa situation et dont l'austérité souligne qu'Amidala est séparée de son peuple menacé.

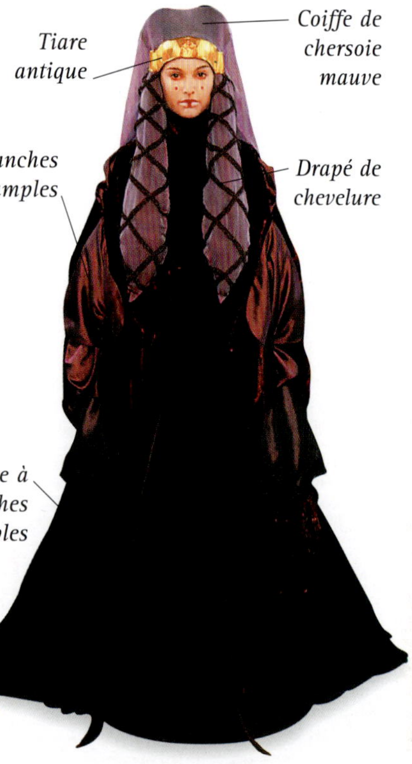

ROBE DE VOYAGE

Quand la reine Amidala voyage en Nef Royale, elle reçoit dans une salle spacieuse, où elle communique avec le Gouverneur Sio Bibble, resté sur Naboo, grâce à un holoprojecteur.

ORFÈVRERIE

Les robes de la reine sont rehaussées de perles et de pendentifs ornementaux, la plupart provenant des trésors du palais.

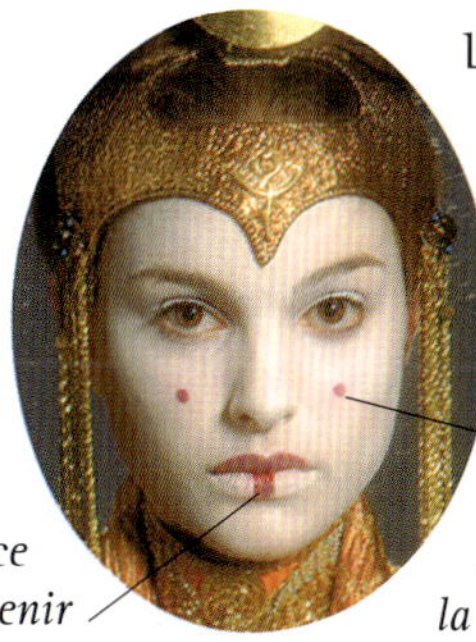

Le maquillage blanc d'Amidala s'inspire d'anciennes coutumes royales. Sa "cicatrice du souvenir" rouge marque la souffrance de Naboo, avant la Grande Ère de Paix.

PARADE DE LA VICTOIRE SUR NABOO

Robe de sénat

Devant le Sénat Galactique, Amidala arbore une robe et une coiffure extraordinaires, qui expriment la majesté du peuple libre de Naboo. Sa tenue lui permet de dissimuler ses sentiments et de garder sa réserve.

Robe de parade

Après la défaite de la Fédération du Commerce, Amidala porte une robe de parade, différente de ses tenues officielles et dont les pétales soyeux évoquent une fleur de son village natal, qui fleurit tous les 88 ans pour annoncer des réjouissances.

NOTES

◆ Sur Naboo, la monarchie n'est pas héréditaire : le peuple choisit ses dirigeants à leur mérite. La reine Amidala n'est pas la plus jeune à avoir régné.

◆ Amidala peut abdiquer quand elle le décide.

Les dames de compagnie de la reine

DÉVOUÉES ET DISCRÈTES, les dames de compagnie royales sont l'ombre de la reine. Triées sur le volet, elles l'aident à passer ses robes élaborées, se coiffer et se maquiller. Elles sont également ses gardes du corps. Lors du couronnement d'Amidala, voilà six mois, elles ont été sélectionnées pour leurs qualités personnelles et leur ressemblance avec la reine. Amidala les apprécie toutes, mais s'entend particulièrement bien avec Sabé.

Sabé

Elle est la première doublure de la reine en cas de danger, s'habillant comme elle et cachant ses traits sous un maquillage blanc. Amidala lui a enseigné son maintien et son phrasé. Néanmoins Sabé est tendue, craignant de commettre un faux pas.

VOYAGER AVEC STYLE
La Nef Royale est pourvue de conteneurs à garde-robes, dans lesquels les dames de compagnie choisissent une tenue d'apparat pour la venue de la reine au Sénat.

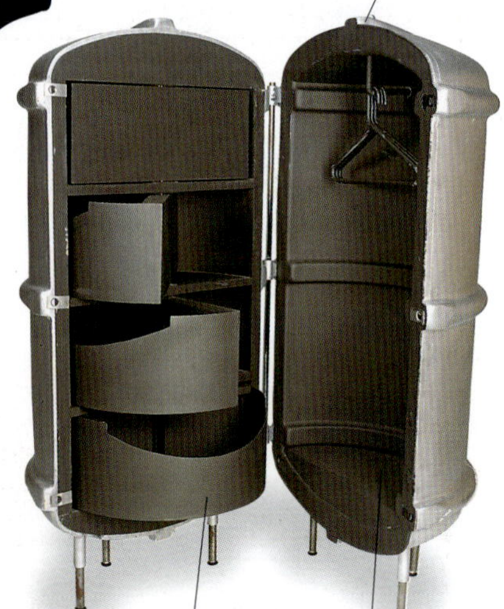

Rabé

En dépit de son jeune âge, Rabé sait apaiser les colères de la reine, et l'aide à réaliser ses complexes coiffures, qui peuvent prendre plusieurs heures.

Déguisée en reine Amidala dans la salle du trône de la Nef Royale, Sabé est entourée des dames de compagnie. Leur présence silencieuse confère de la dignité à la fausse reine tandis qu'elle siège.

Les conteneurs

Les conteneurs à garde-robes de la reine contiennent des systèmes antigravité, grâce auxquels les vêtements ne se froissent jamais.

Robe de guerre

Déguisée en reine, Sabé porte une robe de guerre qui n'entrave pas ses mouvements. Dans la salle du trône du Palais, son déguisement leurre le vice-roi neimoidien, ce qui permet à Amidala d'attraper le blaster qu'elle cachait.

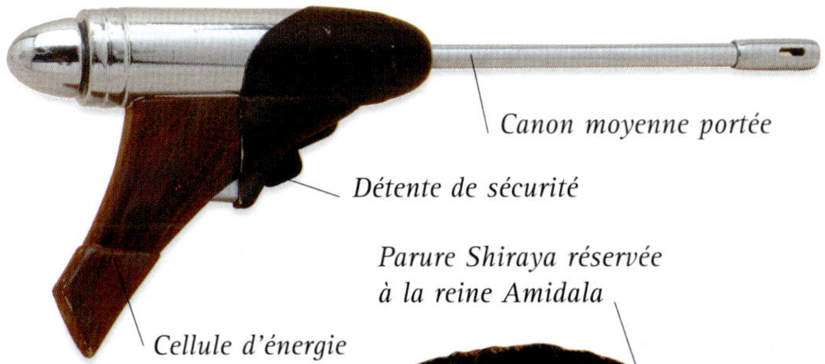

LE PISTOLET ROYAL
Les dames de compagnie ont reçu une formation de gardes du corps. Elles savent manier le blaster pour défendre la reine, dans l'hypothèse d'un improbable danger.

Eirtaé

La dame de compagnie Eirtaé vient d'une ville lointaine. Sa famille était aisée, et on lui a enseigné l'étiquette. Spécialisée dans le protocole, elle assiste les autres dames de compagnie et la reine elle-même.

L'ESCORTE
La tenue des dames de compagnie d'Amidala est toujours accordée à la robe que porte la reine.

NOTES

◆ Amidala a cinq dames de compagnie : Rabé, Eirtaé, Sabé, Saché et Yané.

◆ Rabé, Eirtaé et Sabé accompagnent la reine dans sa fuite à bord de la Nef Royale, mais Saché et Yané doivent rester sur Naboo.

Padmé Naberrie

QUAND ELLE COURT UN DANGER, la reine se déguise en l'une de ses dames de compagnie et prend le nom de Padmé Naberrie. C'est alors Sabé qui incarne la reine, discrètement conseillée par Padmé. Le Capitaine Panaka est à l'origine de cette substitution, fondée sur les ressemblances physique et vestimentaire entre les dames de compagnie d'Amidala qui facilitent les apparitions et disparitions de Padmé. Afin de surveiller les faits et gestes de Qui-Gon Jinn à Mos Espa, Amidala se déguise en Padmé pour accompagner le Jedi.

À Mos Espa, la reine n'apprécie pas les projets aventureux de Qui-Gon Jinn, mais son incognito la prive de son autorité. Elle admet cependant que le Maître Jedi sait ce qu'il fait, et choisit de le suivre.

Le déguisement d'Amidala ne leurre pas Anakin Skywalker, qui sent bien que Padmé n'est pas n'importe qui. Leur affection est réciproque, mais Amidala ne sait que penser de ce garçon de neuf ans.

Robe paysanne

Quand Qui-Gon Jinn décide d'aller à Mos Espa, Padmé veut garder un œil sur lui. Le Capitaine Panaka, Chef de la Sécurité de Naboo, promet de veiller sur le vaisseau. Vêtue en simple paysanne, Padmé passe inaperçue.

C'est en enlevant son maquillage blanc qu'Amidala se déguise en Padmé. Les gens sont tellement habitués aux apparitions de la reine qu'ils ne remarquent pas la toute simple Padmé.

LE PORTE-BONHEUR
Sachant que l'avenir est incertain, Anakin fabrique un porte-bonheur pour Padmé, avec l'espoir que quoi qu'il leur arrive, elle se souviendra de lui.

NOTES

◆ En privé, Padmé et Sabé dialoguent d'une manière cryptée, ce qui permet à Padmé de guider Sabé dans son rôle de reine.

◆ Déguisée en Padmé, Amidala assiste à des scènes que la reine n'aurait pas pu voir.

Déguisée en Padmé, Amidala est privée de son pouvoir mais libre de ses mouvements. À Mos Espa, elle aide Anakin Skywalker sur son podracer.

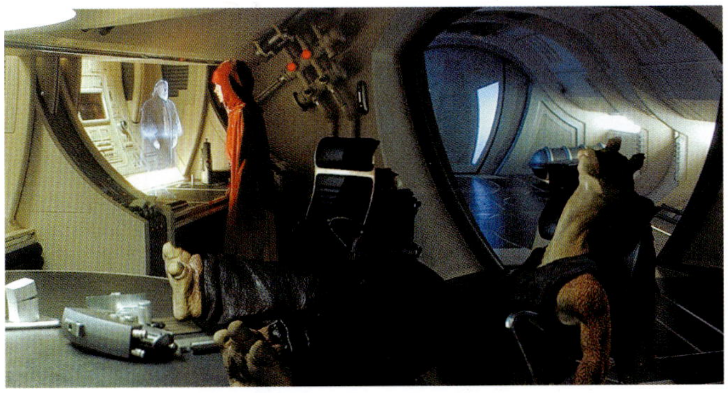

UN MESSAGE DE NABOO
En route pour Coruscant, Padmé souffre à la rediffusion de la transmission holographique de Sio Bibble lui donnant de terribles nouvelles de Naboo. Est-ce un piège, est-ce la réalité ? Padmé se résout néanmoins à s'en tenir à son projet : aller plaider la cause de son peuple devant le Sénat Galactique.

La guerre de Padmé

Pour mettre un terme à l'invasion, Padmé estime qu'il faut capturer les dirigeants neimoidiens et les faire juger. Sa présence au sein de ses propres troupes les encourage à croire à la victoire. Sabé demeure déguisée en reine jusqu'à la fin, ce qui procure à Padmé l'avantage de la surprise.

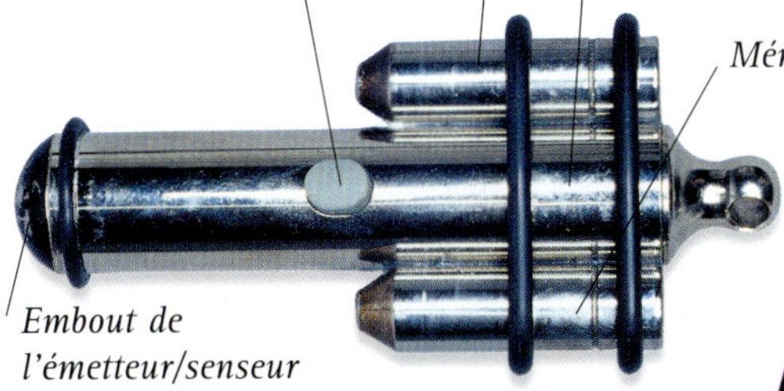

ÉMETTEUR DE SIGNAUX

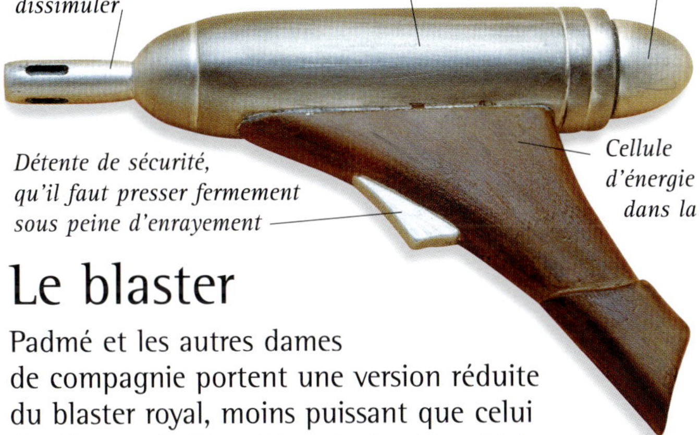

Le blaster

Padmé et les autres dames de compagnie portent une version réduite du blaster royal, moins puissant que celui des Forces de Sécurité mais dont les décharges de plasma sont néanmoins mortelles.

COMMUNICATIONS SECRÈTES
Pendant la bataille de Theed, Padmé communique avec le Capitaine Panaka grâce à un transmetteur miniaturisé.

Au moment crucial, Padmé révèle sa véritable identité à Boss Nass, le dirigeant gungan. Elle sait que seul un geste de bonne foi pourra convaincre le Gungan borné.

RETOUR AU PALAIS
Pour son retour sur Naboo, Padmé porte une robe de guerre. Lors de l'assaut contre son propre palais, elle se bat auprès de ses troupes et de leurs alliés Jedi pour gagner la salle du trône et s'opposer aux envahisseurs neimoidiens. Padmé n'a aucun scrupule à faire feu, sachant que les droïdes de combat ne sont que des machines.

Les Naboo

SOUS LA PROTECTION de la République, la civilisation Naboo a prospéré sans se soucier du reste de la Galaxie. Naboo est dirigée par un souverain élu, un Gouverneur et un Conseil Consultatif résidant au Palais Royal de Theed, la capitale. Les Naboo occupent des villes et des villages répartis tous sur le continent principal de leur planète. L'art est au cœur de la culture Naboo, ce qui se manifeste dans leurs constructions et leur habillement. Les Naboo tiennent leur mode de vie pour un acquit, mais ils découvriront que c'est un luxe qu'ils devront défendre.

NABOO
Naboo est une petite planète verdoyante, dont le sous-sol est parcouru de nombreux passages souterrains.

THEED
Perle de la civilisation Naboo, la ville de Theed est bâtie en bordure d'un haut plateau où la rivière Solleu serpente vers une spectaculaire cataracte. Artisans, architectes et urbanistes sont très prisés dans la culture Naboo, et la splendeur de cette cité témoigne de leur savoir-faire.

Sio Bibble

Gouverneur de Naboo au franc-parler, il assiste la reine. Président du Conseil Consultatif, il gère les contacts avec les représentants régionaux et les personnalités officielles.

CAPITALE CULTURELLE
Outre le Palais Royal, Theed concentre bibliothèques, musées, tombeaux, théâtres et conservatoires, dont les bâtiments reflètent le style Naboo.

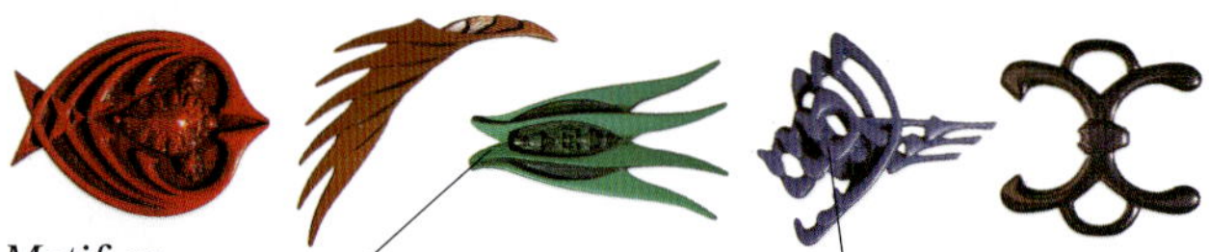

BIJOUX NABOO

Quand le Capitaine Panaka exige un renforcement de l'armement, Sio Bibble se montre réticent. Même durant les heures les plus sombres, ce noble philosophe ne changera pas d'avis.

LE CONSEIL CONSULTATIF
Ses membres offrent à la reine leurs compétences individuelles. Sa composition étant tournante, nombre de savants, d'artistes et de personnes compétentes peuvent conseiller la reine.

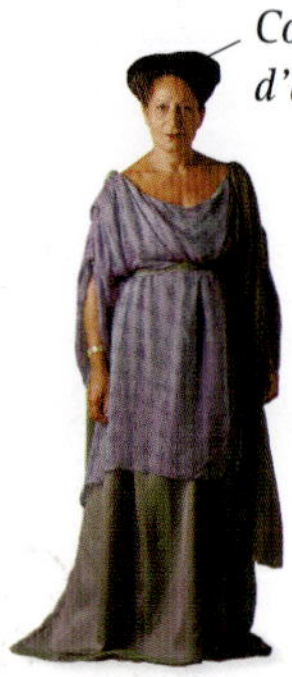

HELA BRANDES
conseillère musicale

GRAF ZAPALO
docteur en sciences

HUGO ECKENER
grand architecte

LUFTA SHIF
conseillère d'éducation

La Nef Royale

L'étincelante Nef Royale Naboo véhicule la reine Amidala lors de ses sorties officielles. Construite sur Naboo autour d'une propulsion importée, ce vaisseau conjugue l'amour de l'art Naboo à la puissance technologique des mondes extérieurs.

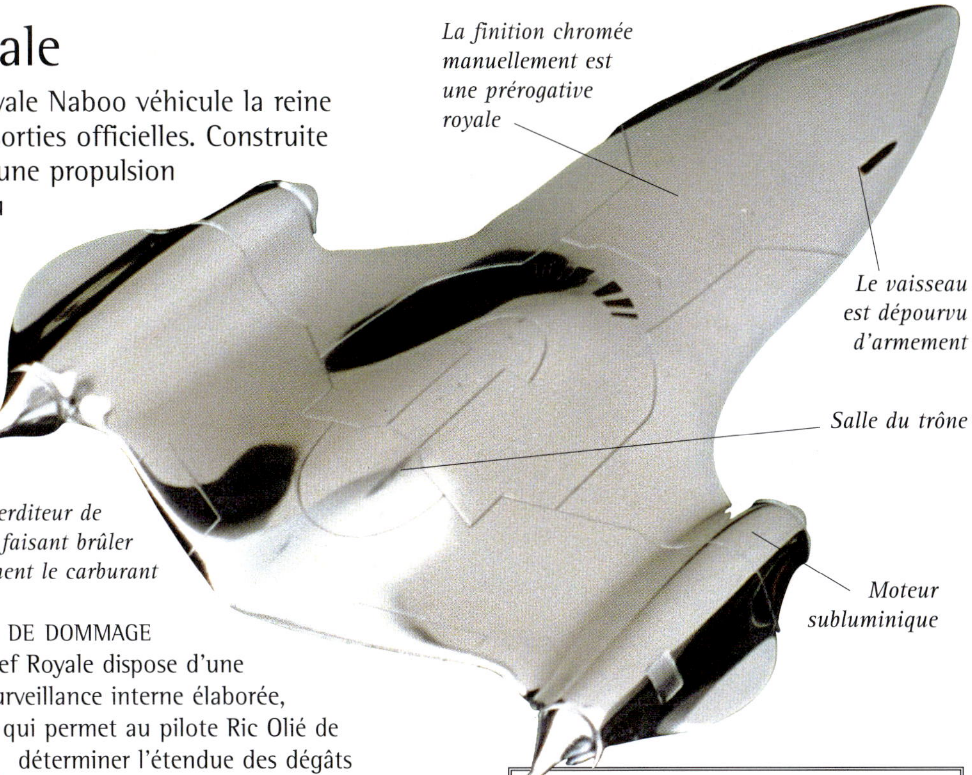

LA PERFECTION ROYALE
La Nef Royale ne ressemble à aucun autre vaisseau dans la Galaxie. L'intérieur, tout en élégance, répond davantage à des préoccupations esthétiques qu'utilitaires, comme bien des constructions Naboo.

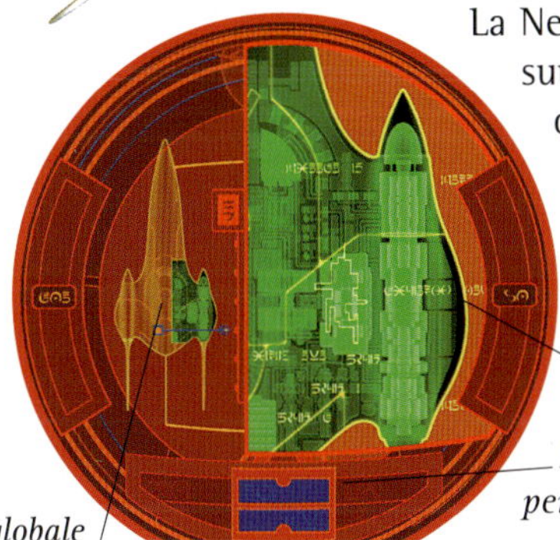

MONITEUR DE DOMMAGE
La Nef Royale dispose d'une surveillance interne élaborée, qui permet au pilote Ric Olié de déterminer l'étendue des dégâts quand le vaisseau est touché en forçant le blocus de la Fédération du Commerce.

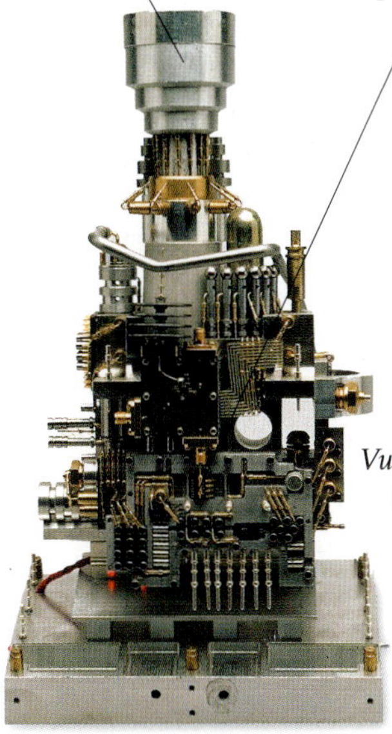

TALOSCOPE À MÉSONS

DES INSTRUMENTS PRÉCIS
Les équipements de diagnostic et d'analyse de la Nef Royale permettent à l'équipage d'effectuer de nombreux tests et d'anticiper les dysfonctionnements.

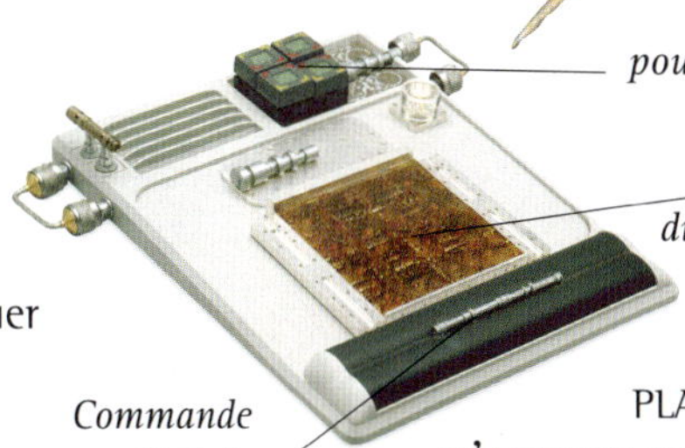

PLANCHE D'ANALYSE TECHNIQUE

NOTES

◆ Aux abords des villes de Naboo, les négociants entretiennent des échanges vitaux avec la société des Gungan.

◆ À bord de la Nef Royale, les équipements les plus simples, tel cet oscillomètre de surtension, sont réalisés avec l'élégance Naboo.

L'ALPHABET
L'alphabet Naboo a deux formes, l'une manuscrite, le Futhork, et l'une formelle, le Futhark. Ce dernier, basé sur des ovales, sert notamment à l'identification des vaisseaux spatiaux et aux étiquetages de sécurité.

Le palais de Theed

Vieux de plusieurs siècles, le Palais Royal est le plus grand édifice de Theed. Dans ses cours ont lieu dîners, soirées, événements culturels et réceptions de dignitaires. Le palais allie passé historique et portes automatiques, systèmes de communication et climatisations spécifiques.

UN TISSU SOCIAL
Les vêtements ont souvent une fonction sociale. Pendant le blocus, les citoyens de Theed manifestent leur soutien ou leur opposition à la politique royale par une subtile utilisation de la symbolique vestimentaire Naboo.

Dans les rues de Theed, les gestes de réconfort masquent mal la tension d'une population affamée par le blocus. Certains redoutent que la reine les abandonne à leur sort.

Le Capitaine Panaka

CHEF DES VOLONTAIRES des Forces Royales de Sécurité de Naboo, il assure aussi la sécurité de la reine Amidala. Son prédécesseur, le Capitaine Magneta, n'a pas su empêcher la mort du précédent souverain, Veruna, qui venait d'abdiquer. La mort "accidentelle" de Veruna a été cachée y compris à la reine, et Magneta a démissionné. Panaka, constatant que la Galaxie est déstabilisée, demande à disposer de davantage de moyens pour protéger la planète et sa reine, mais le Conseil Consultatif convainc Amidala de se conformer au pacifisme traditionnel Naboo. La terrifiante invasion donnera raison à Panaka.

Panaka a confiance en lui, même devant des Chevaliers Jedi. Il estime que Qui-Gon Jinn met en danger la reine et la planète tout entière.

ÉTUI DE COMLINK

Les forces de sécurité de Panaka se déplacent dans de petits véhicules terrestres, tel le Gian speeder. Ils sont l'un des rares atouts de Panaka pour la reconquête du Palais de Theed, tenu par les droïdes de la Fédération du Commerce.

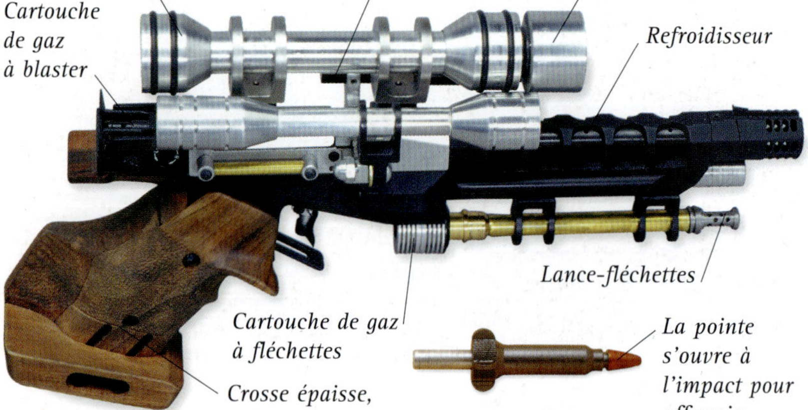

GRAPPIN

LE COMLINK
Le Capitaine Panaka communique avec les divisions de volontaires grâce à un comlink multicanaux spécial de grande précision.

Le blaster

La Garde du Palais Royal emploie des blasters Sécurité S-5 multifonctions. Outre les décharges mortelles du blaster, des fléchettes et des microdards anesthésiques, le blaster S-5 tire des câbles liquides qui s'enroulent autour de l'adversaire ou, couplés à un grappin, servent à l'escalade.

NOTES

◆ Le Capitaine Panaka a fait ses armes dans une Section Spéciale de la République en lutte contre des pirates spatiaux, dans un secteur qui incluait Naboo.

◆ Les Forces Royales de Sécurité de Naboo comprennent la Garde de Sécurité, la Garde du Palais et l'Escadron de Chasse Spatiale. La police de proximité est tenue par des autorités civiles.

Face aux forces de la Fédération du Commerce, Panaka et sa Garde du Palais se battent avec détermination, pour que leur reine retrouve son trône.

Officier de la sécurité

Les quelques officiers supérieurs de Panaka sont dévoués mais inexpérimentés. Durant l'invasion par la Fédération du Commerce, ils peinent à maintenir l'ordre sur Naboo.

La Garde de sécurité

Elle se comporte comme une armée régulière. Individuellement, ses membres patrouillent dans Theed et effectuent des gardes, en appoint des forces de police. Bien que supervisée par le Capitaine Panaka, la Garde de Sécurité n'a pas les moyens d'affronter l'armée mécanique d'invasion de la Fédération du Commerce.

La Garde du palais

Elle rassemble des gardes du corps surentraînés. Si la Garde de Sécurité fonctionne comme une milice, la Garde du Palais se compose de soldats détachés à l'extérieur de la planète, et qui y retourne par loyauté, pour protéger la reine. Peu nombreux, ils sont l'épine dorsale de la sécurité de Naboo.

Les pilotes Naboo

L'ESCADRON DE CHASSE SPATIALE fait partie des Forces Royales de Sécurité de Naboo, comme la Garde de Sécurité et la Garde du Palais. Ses chasseurs N-1 sont pilotés par des hommes insouciants, aux origines diverses. Leurs missions habituelles consistent en patrouilles de routine, missions d'escortes et vols de parade. Naboo étant pacifique, c'est dans l'espace qu'ils se perfectionnent, au sein des Sections Spéciales antipiraterie de la République. Sans être constitué des meilleurs pilotes de la Galaxie, l'Escadron de Chasse Spatiale est prêt à se battre, même face à la Fédération du Commerce.

Le chasseur N-1

Partiellement chromé pour indiquer son statut royal, le chasseur N-1 incorpore des moteurs radiaux de Nubia à un bâti Naboo. Pourvu d'un astromech, le chasseur est rapide et agile, mais tend à vriller quand ses moteurs sont endommagés.

MONITEUR DE SURVEILLANCE

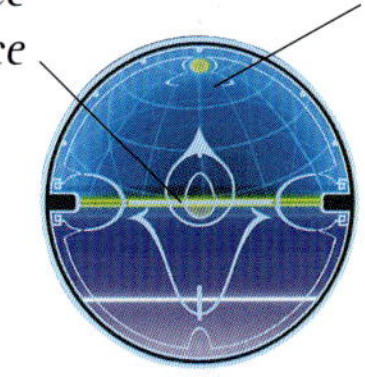

SCANNER DE NAVIGATION

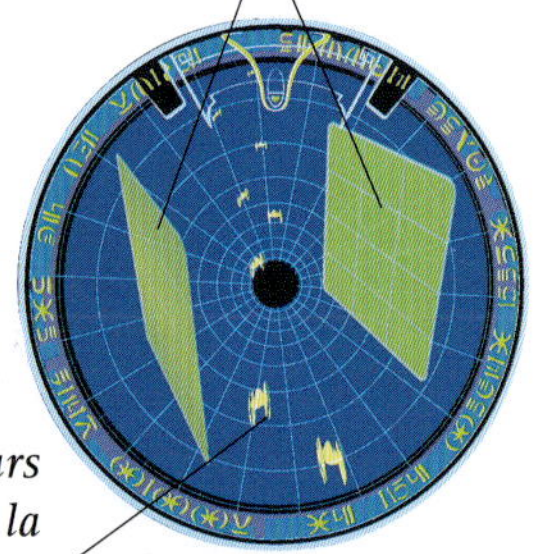

SCOPE TACTIQUE

LES AFFICHAGES DU CHASSEUR N-1
Les pilotes de chasseurs N-1 surveillent sans cesse les systèmes de bord grâce à une batterie d'affichages disposés dans le cockpit.

CASQUE DE VOL

Ric Olié

Meilleur pilote de l'Escadron de Chasse Spatiale et capable de piloter n'importe quel engin sur Naboo, il ne reçoit d'ordres que du Capitaine Panaka, et a l'honneur de commander la Nef Royale. Forcer le blocus des Neimoidiens met son talent à rude épreuve, et lui-même est sceptique quand aux chances de réussite.

NOTES

◆ Avant de pouvoir prendre les commandes du chasseur N-1, très convoité, les pilotes Naboo font leurs preuves dans des vaisseaux utilitaires.

◆ Peu de pilotes ont eu la chance d'escorter la Nef Royale jusqu'à Coruscant, la plupart n'ayant jamais quitté le secteur de Naboo.

LA SOUTE À DROÏDES
Entre deux travaux, R2-D2 se recharge dans un petit local du pont inférieur de la Nef Royale, en compagnie des autres astromechs. Un ascenseur à répulseur conduit les droïdes à l'extérieur pour l'entretien de la coque en vol.

R2-D2

DROÏDE UTILITAIRE doté d'une personnalité propre, R2-D2 est moins banal qu'il n'y paraît. Comme n'importe quel autre droïde de la Nef Royale, il remplace les fusibles, pose des câblages, frotte les sols, et effectue toutes les tâches d'entretien. Pour un simple droïde utilitaire, il fait preuve d'une ténacité et d'un dévouement remarquables. Quand la Nef Royale est menacée, de telles qualités font de R2-D2 un héros.

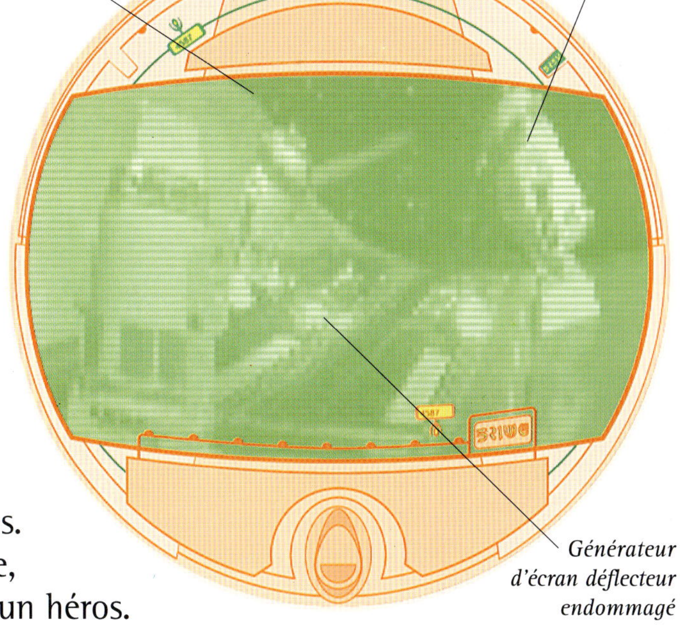

RÉPARATIONS EN VOL
Les droïdes astromechs s'occupent des réparations et de l'acquisition de données. R2-D2 ne s'était jamais détaché du lot, jusqu'à ce qu'il répare à lui tout seul le générateur de champ de la Nef Royale Naboo.

COPILOTE
Les astromechs standard sont fréquents à bords des chasseurs spatiaux. Installé dans un chasseur N-1 Naboo, R2-D2 accompagne Anakin Skywalker au combat.

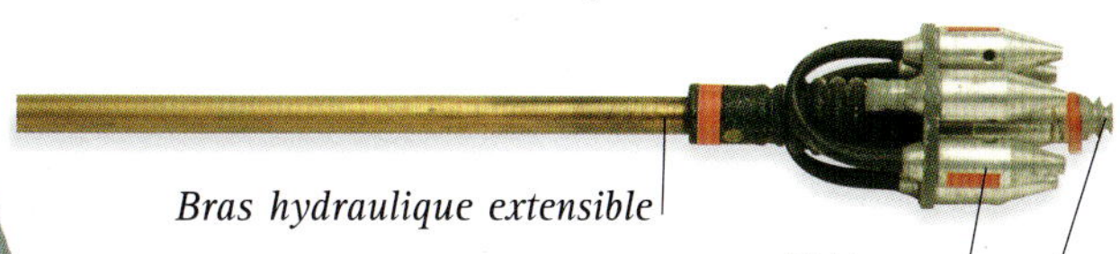

UN BRAS DE RÉPARATION
Ce bras extensible peut nettoyer, couper ou souder des composants électroniques.

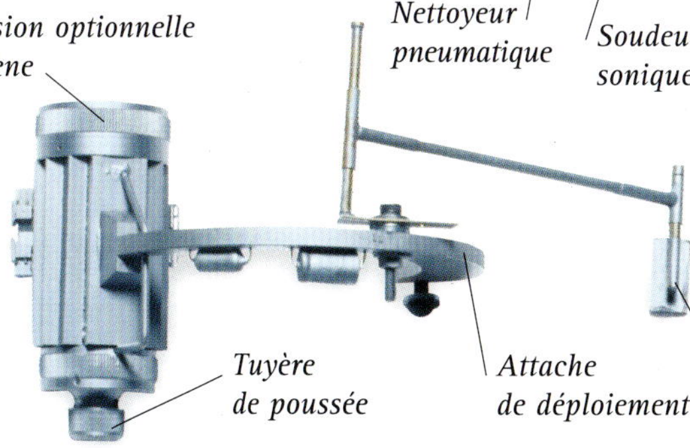

FUSÉE À PROPULSIONS
Optionnelles, elles permettent aux R2 de se déplacer dans l'air ou l'espace.

NOTES

◆ Propriété de la Maison Royale de Naboo, R2-D2 a été détaché au vaisseau de la reine en raison de ses compétences peu ordinaires.

◆ Télescopique, la tête de D2 peut émerger du fuselage du chasseur Naboo.

Jar Jar Binks

NATIF DE NABOO, Jar Jar est un Gungan amphibie. Exilé de sa ville natale, Otoh Gunga, il vit seul dans les marais, se nourrissant de succulents gumbols ou de mollusques qu'il arrache à leur coquille grâce à sa longue langue. Pendant l'invasion de Naboo, Qui-Gon Jinn sauve la vie de Jar Jar et, bien que le Jedi se montre d'abord réticent, le sens de l'honneur de Jar Jar lui dicte de ne plus jamais quitter Qui-Gon.

Au début, Obi-Wan Kenobi ne veut pas de Jar Jar à ses côtés. Pourtant, le Gungan se rend vite utile en leur indiquant une ville sous-marine où ils pourront se soustraire aux forces terrestres de la Fédération du Commerce.

Jar Jar n'aime pas expliquer son exil d'Otoh Gunga. Il cache qu'il a accidentellement inondé la résidence de Boss Nass et plusieurs bulles adjacentes, alors qu'il était serveur dans une soirée de la haute société. Boss Nass en fut ulcéré car ça n'était pas la première fois, et Jar Jar fut condamné à l'exil, sous peine de mort.

Les patrouilles d'Otoh Gunga connaissent bien Jar Jar, et l'ont souvent tiré d'un mauvais pas, du simple vol de nourriture jusqu'à la fois où il a ouvert les bulles du Zoo d'Otoh Gunga par inadvertance. Les patrouilleurs savent que Boss Nass n'aimerait pas croiser Jar Jar en ville.

Le survivant de Gungan

Le squelette de Jar Jar est cartilagineux, comme celui de tous les Gungan, ce qui le rend souple et lui permet une grande variété d'expressions faciales. Son tempérament est tout aussi souple, et capable de s'adapter aux circonstances. Qu'il soit seul, en compagnie de Jedi ou même de souverains, Jar Jar vit dans la bonne humeur, même s'il est sujet à des accès de panique.

MENOTTES GUNGAN

Jar Jar accompagne Qui-Gon Jinn à Mos Espa, à la recherche de pièces de rechange pour l'hyperdrive. Qui-Gon sait que le Gungan l'aidera à se fondre dans la foule des diverses formes de vie variées qui peuplent la ville. Jar Jar, lui, s'inquiète des effets de la chaleur sur son épiderme d'amphibien.

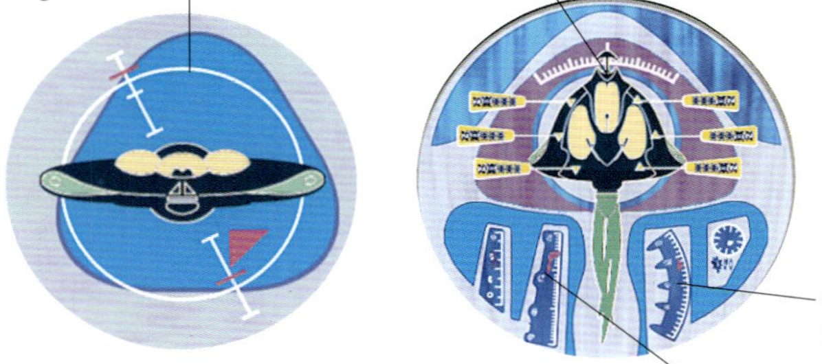

MONITEURS DE SOUS-MARIN

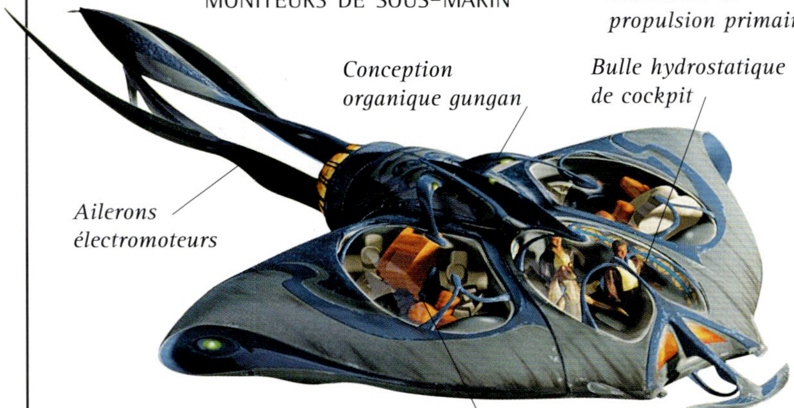

Le sous-marin gungan

Le squelette de Jar Jar est cartilagineux, comme celui de tous les Gungan, ce qui le rend souple et lui permet une grande variété d'expressions faciales. Son tempérament est tout aussi souple, et capable de s'adapter aux circonstances. Qu'il soit seul, en compagnie de Jedi ou même de souverains, Jar Jar vit dans la bonne humeur, même s'il est sujet à des accès de panique.

Quand il a faim, Jar Jar engloutit n'importe quoi, comme il en a pris l'habitude dans le marais où il est exilé. Au marché de Mos Espa, il essaie de voler un vendeur ambulant en comptant sur sa langue pour passer inaperçu.

Le général Jar Jar

Croyant que Jar Jar a mûri, Boss Nass le nomme général dans la Grande Armée Gungan, ce qui consterne les hommes qu'il est censé commander. Ils ne seront guère surpris de le voir céder à la panique pendant les combats, tomber de sa monture, et se rendre sitôt encerclé. Par chance, peu de soldats prêtaient attention à leur nouveau général et, puisque les Gungan vainquent, Boss Nass n'en saura finalement rien.

NOTES

- ◆ L'insatiable curiosité de Jar Jar lui vaut souvent des déboires. Elle manque de lui être fatale quand il approche sa langue trop près du podracer d'Anakin.
- ◆ Jar Jar parle un dialecte gungan du Basique Galactique. Peu de Gungan parlent le gungan pur.

Les Gungan

ORIGINAIRES DES MARAIS DE NABOO, les Gungan sont des créatures amphibies qui occupent des cités sous-marines cachées dans des lacs profonds. Une technique secrète permet aux Gungan de “faire pousser” les superstructures de leurs bâtiments et de leurs véhicules, que des artisans habillent ensuite. Les Gungan échangent avec les Naboo certains éléments technologiques, mais ils fabriquent eux-mêmes tout le reste, à partir des ressources de leur habitat aquatique. Bien qu'ils utilisent des véhicules mécaniques, les Gungan sont proches de la nature et préfèrent les montures vivantes et les bêtes de somme.

Le capitaine Tarpals

Chef de patrouille kaadu à Otoh Gunga, il surveille les voleurs et les créatures aquatiques susceptibles de menacer la population. Il estime que Jar Jar Binks est une menace à lui tout seul.

Bulles hydrostatiques d'Otoh Gunga

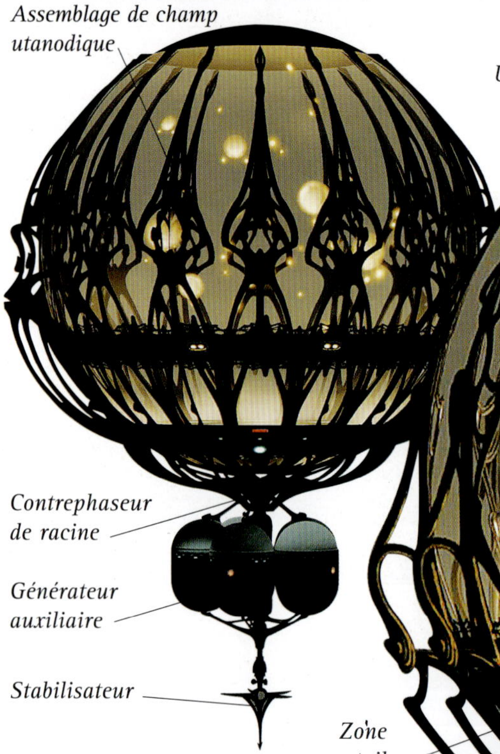

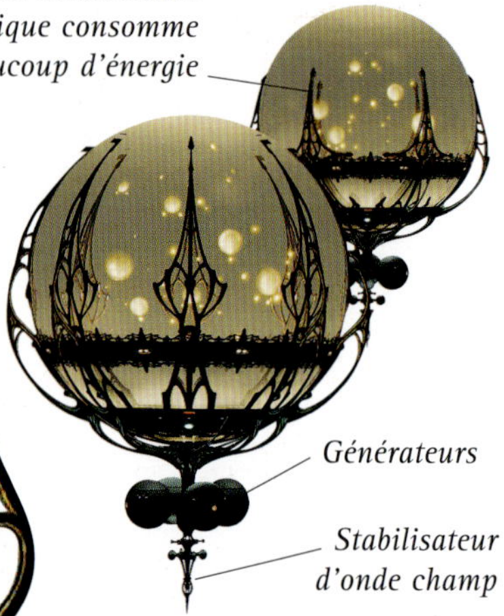

Otoh Gunga

La cité scintillante est cachée au fond du Lac Paonga, dont l'eau est retenue à l'extérieur de ses bulles d'habitation par de puissants champs à membranes hydrostatiques, ce qui confère à la ville son aspect de joyau. Des portails spéciaux dispensent les Gungan d'avoir à emprunter un sas étanche.

La faune

De nombreux poissons de petite taille vivent dans les eaux qui environnent Otoh Gunga. Ils sont attirés par les lumières, mais ont appris à ne pas s'aventurer dans ses bulles remplies d'air.

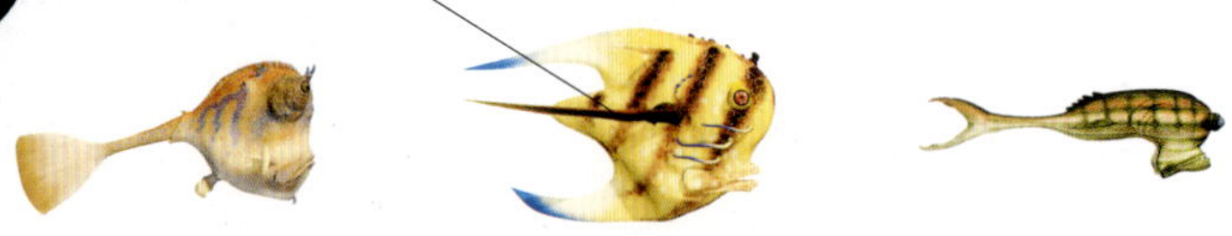

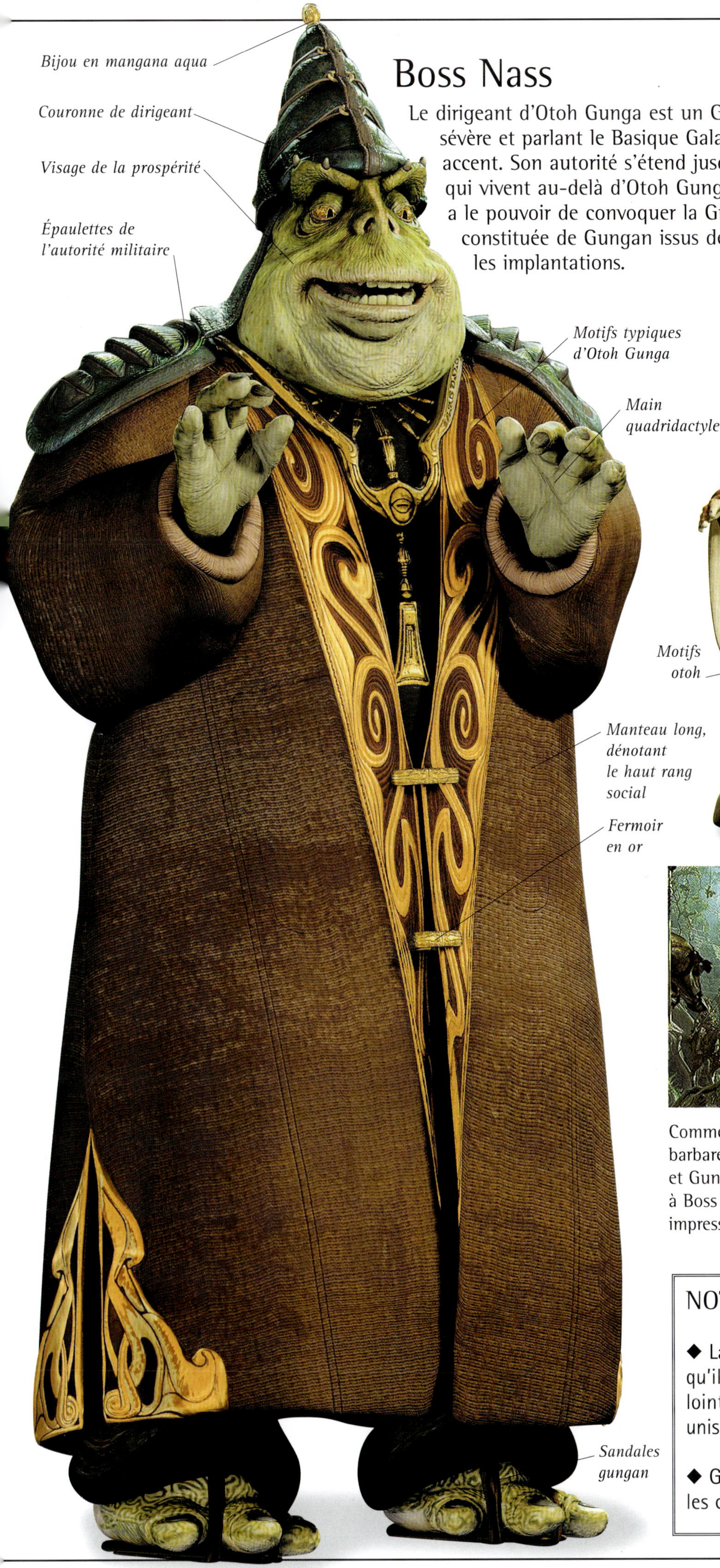

Boss Nass

Le dirigeant d'Otoh Gunga est un Gungan à l'ancienne, sévère et parlant le Basique Galactique avec un fort accent. Son autorité s'étend jusqu'aux communautés qui vivent au-delà d'Otoh Gunga. Seul Boss Nass a le pouvoir de convoquer la Grande Armée Gungan, constituée de Gungan issus de toutes les implantations.

Dirigeant juste mais têtu, Boss Nass déteste l'arrogance des Naboo, pour lesquels les Gungan sont des primitifs parce que leur mode de vie n'est pas technologique. Il évite également de fréquenter les humains.

Rep Teers

Boss Nass est assisté du Conseil Rep, dont les membres exercent des fonctions gouvernementales. Leur tenue vestimentaire souligne la dignité de leur charge. Rep Teers est responsable des champs hydrostatiques des bulles d'Otoh Gunga.

Comme tout Naboo, la reine Amidala tient les Gungan pour des barbares, mais quand leur planète est envahie elle comprend que Naboo et Gungan doivent s'allier ou périr. Avec humilité elle demande son aide à Boss Nass, ce qui rapproche les deux cultures. Favorablement impressionné, Boss Nass change à son tour d'avis sur les Naboo.

NOTES

◆ La peau verte et les yeux de Boss Nass indiquent qu'il est issu des Ankura, lignée originaire d'un lointain village de marais. Ses ancêtres se sont unis aux Gungan Otolla et fondèrent Otoh Gunga.

◆ Gardien des archives, Rep Been connaît les cachettes d'anciens Gungan.

Les Gungan en guerre

GRÂCE À DES TRAITÉS, les Gungan sont depuis longtemps en paix avec les Naboo. Ils entretiennent néanmoins une armée pour lutter contre les monstres marins. L'armement de la Grande Armée mélange magie, technologie et tradition. Axée sur la défense, elle emploie des générateurs d'écrans portés par des animaux. Pour l'attaque, les Gungan projettent des boules d'énergie plasmatique. Leurs soldats sont inexpérimentés mais animés par un fort sens du devoir et de la justice.

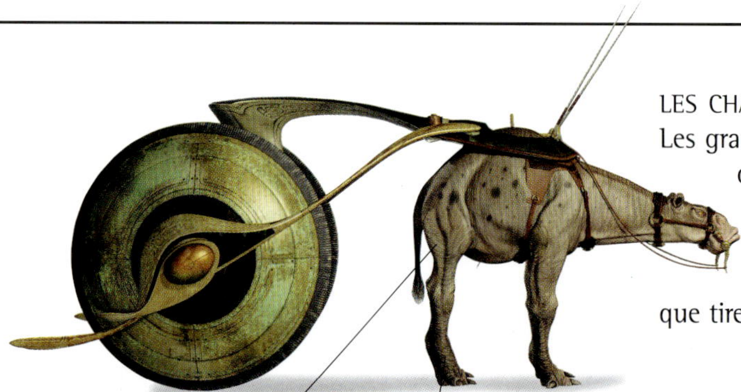

LES CHARIOTS DE GUERRE
Les grandes roues qu'ils traînent jusqu'au combat contiennent les boules d'énergie que tire le matériel gungan.

FAMBAA PORTE-TAMBOUR VU DE FACE

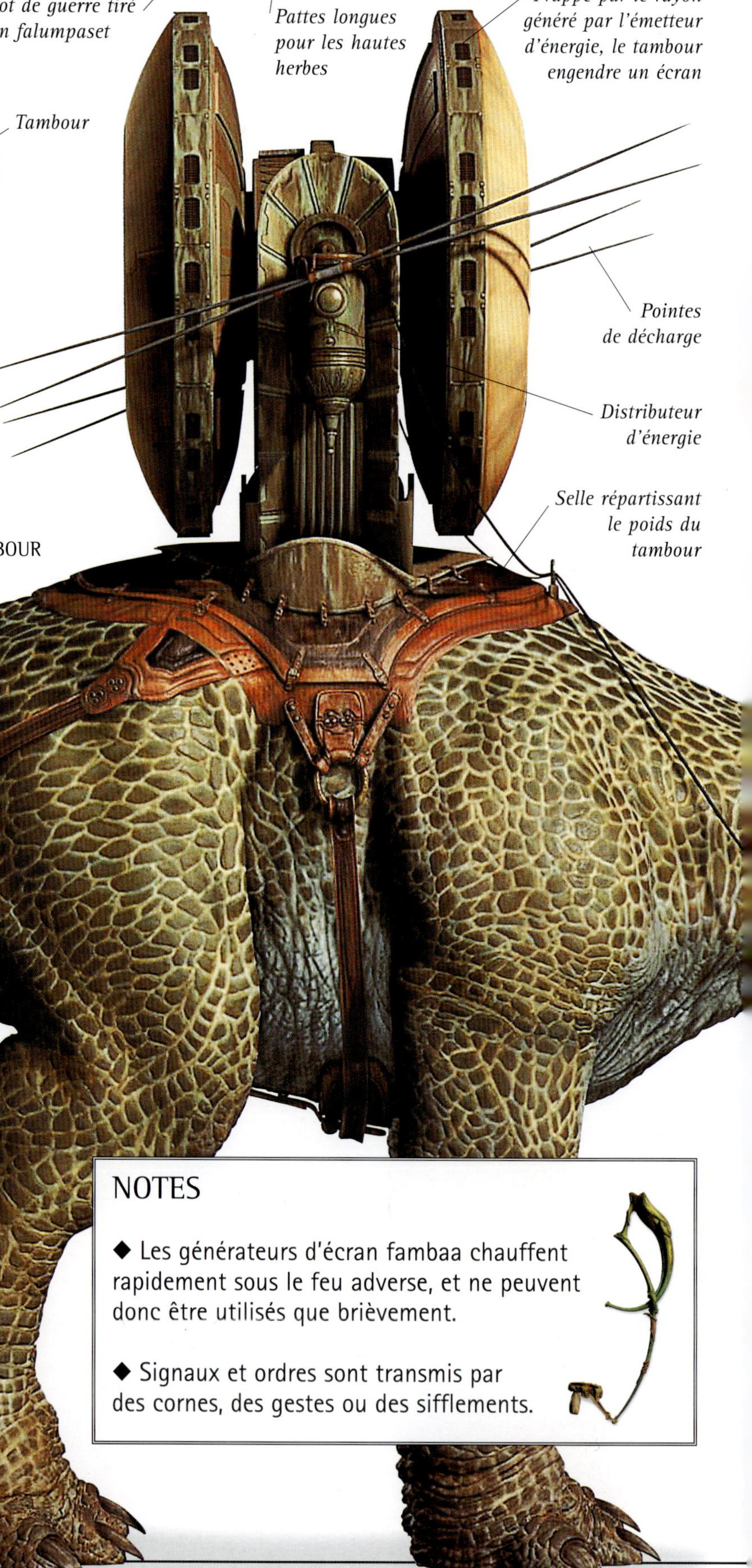

Émergeant des marais, des troupes Gungan en provenance de toutes les communautés sous-marines forment la Grande Armée. Ses soldats savent qu'ils devront affronter l'armée de la Fédération du Commerce pour que leur peuple vive en paix.

LA CAVALERIE
La Grande Armée est surtout constituée de militiagungs, ou soldats à temps partiel. Chacun apportant son propre équipement, l'ensemble est disparate.

Les Kaadu

Domestiqués très tôt par des Gungan qui vivaient à la surface de Naboo, les Kaadu sont surtout terrestres mais peuvent respirer sous l'eau. Ils font des montures rapides pour les soldats Gungan, qui les décorent de plumes géantes.

NOTES

- Les générateurs d'écran fambaa chauffent rapidement sous le feu adverse, et ne peuvent donc être utilisés que brièvement.
- Signaux et ordres sont transmis par des cornes, des gestes ou des sifflements.

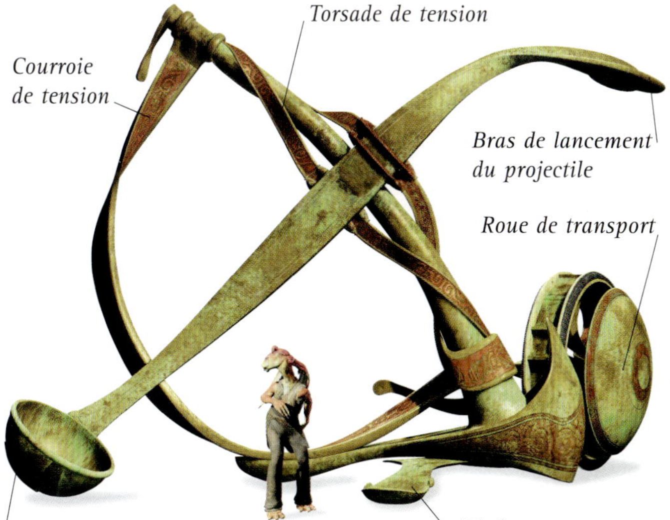

CATAPULTE

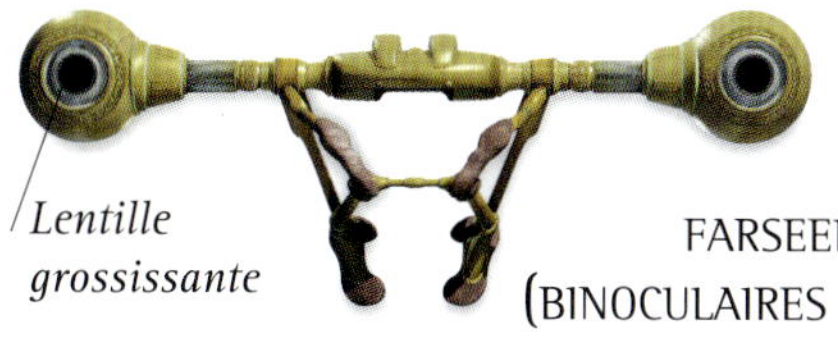

FARSEEIN (BINOCULAIRES GUNGAN)

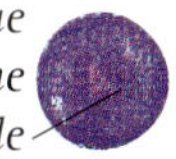

BOULE D'ÉNERGIE

SIFFLET

Le matériel de guerre

Les munitions gungan consistent en une étrange énergie plasmatique, très destructrice, qui explose à l'impact. Préparées en différentes tailles, les boules d'énergie sont projetées par des bâtons lanceurs, par des catapultes... ou par accident.

ATLATL

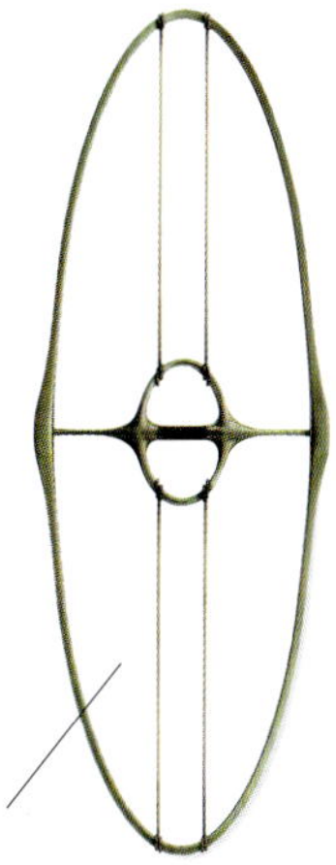

ÉCRAN ÉNERGÉTIQUE

CESTA

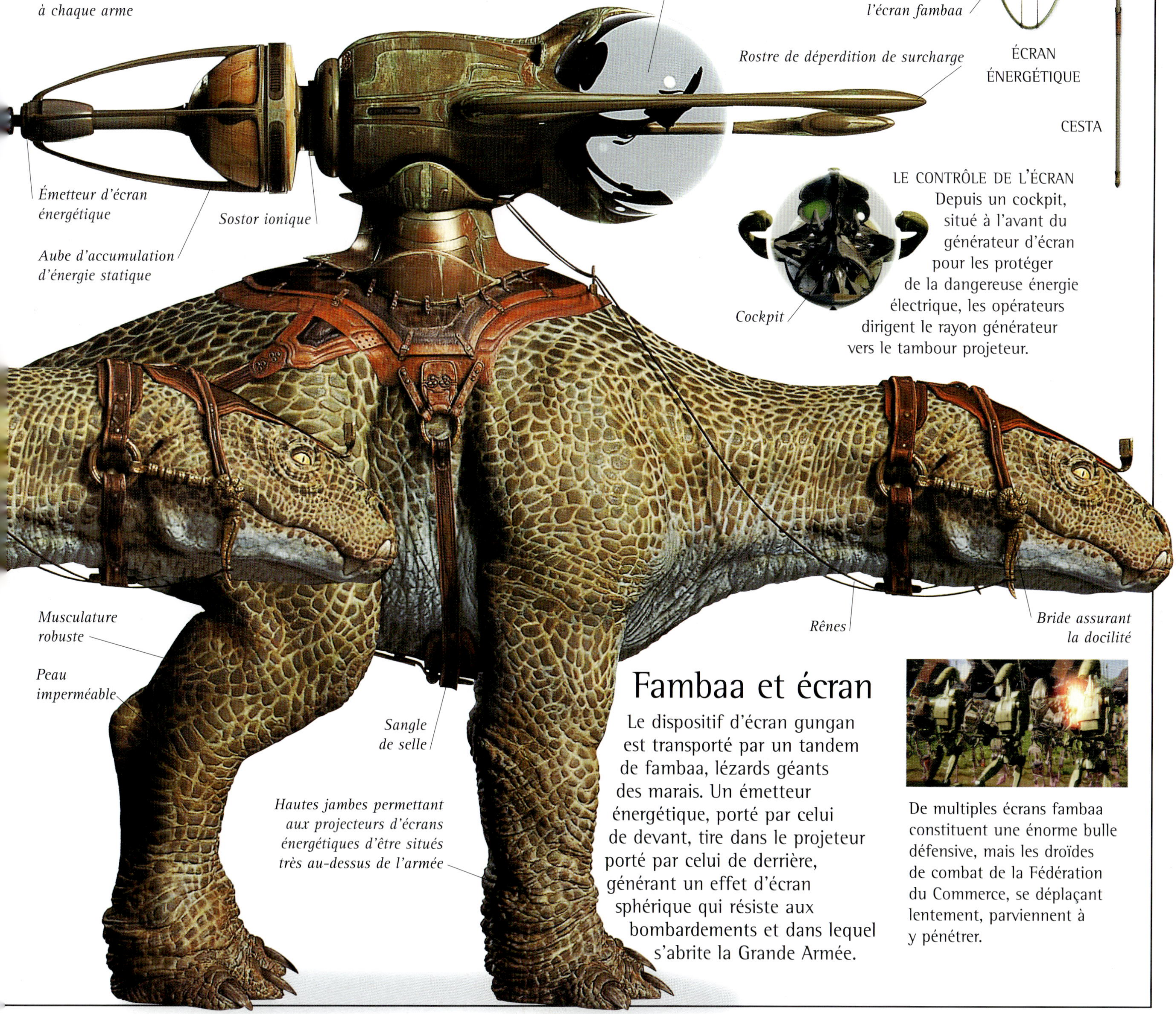

LE CONTRÔLE DE L'ÉCRAN Depuis un cockpit, situé à l'avant du générateur d'écran pour les protéger de la dangereuse énergie électrique, les opérateurs dirigent le rayon générateur vers le tambour projeteur.

Fambaa et écran

Le dispositif d'écran gungan est transporté par un tandem de fambaa, lézards géants des marais. Un émetteur énergétique, porté par celui de devant, tire dans le projeteur porté par celui de derrière, générant un effet d'écran sphérique qui résiste aux bombardements et dans lequel s'abrite la Grande Armée.

De multiples écrans fambaa constituent une énorme bulle défensive, mais les droïdes de combat de la Fédération du Commerce, se déplaçant lentement, parviennent à y pénétrer.

Les monstres marins de Naboo

POISSON COLO NOUVEAU-NÉ

DANS LES RICHES EAUX DE NABOO, un plancton microscopique est à l'origine d'une chaîne alimentaire qui culmine avec des prédateurs géants. Les monstres marins de Naboo rôdent dans l'obscurité, mais certains montent en surface la nuit ou pendant les tempêtes, ce qui explique qu'on ne voyage pas en bateau sur Naboo. Ces monstrueuses créatures s'attaquant parfois en bandes organisées aux cités gungan, l'armée est toujours en alerte. Des champs répulseurs maintiennent les colosses à l'écart mais, sans qu'on sache pourquoi, il arrive que l'un d'eux les traverse.

SOUS-MARIN GUNGAN

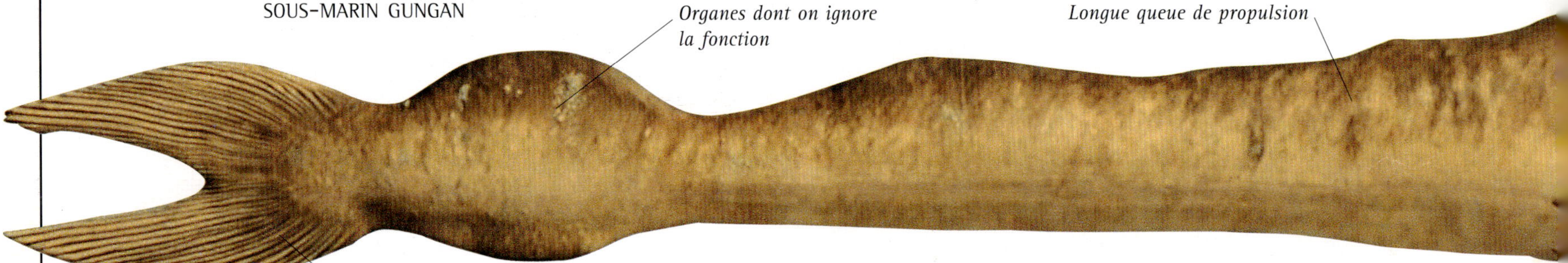

Le tueur des mers Opee

Étrange amalgame de caractéristiques disparates, le opee attire ses proies au moyen d'un leurre situé sur sa tête et les pourchasse en combinant pattes natatoires et propulsion par jets. Le opee aspire l'eau dans sa gueule et la rejette par les évents de ses écailles, ce qui lui confère une grande vitesse. Une fois la proie à portée, il lance sa longue langue collante.

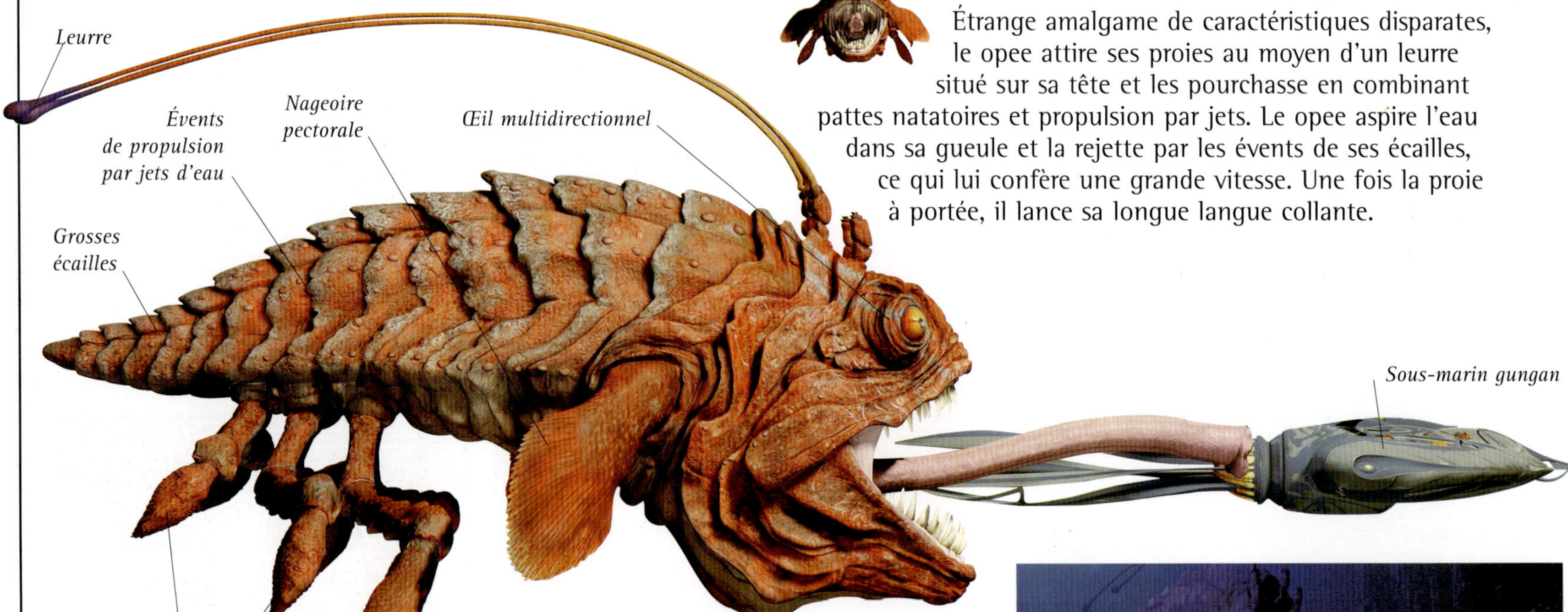

Le opee est aussi agressif qu'obstiné. Même attaqué par un prédateur plus gros, il se défend. On a vu de jeunes opee s'extirper à coups de mâchoires du ventre d'un poisson colo.

Le poisson colo

Ce long prédateur peut engloutir une proie beaucoup plus grosse que lui, car ses mâchoires et sa peau se dilatent. Après l'avoir désorientée au moyen du cri perçant produit par les structures de sa gorge et de sa tête, le poisson colo la capture dans les grandes pinces pectorales qui lui donnent son nom. Ses acides digestifs étant lents, il doit d'abord étourdir sa proie avec ses dents venimeuses, faute de quoi elle pourrait s'échapper en lui dévorant le ventre.

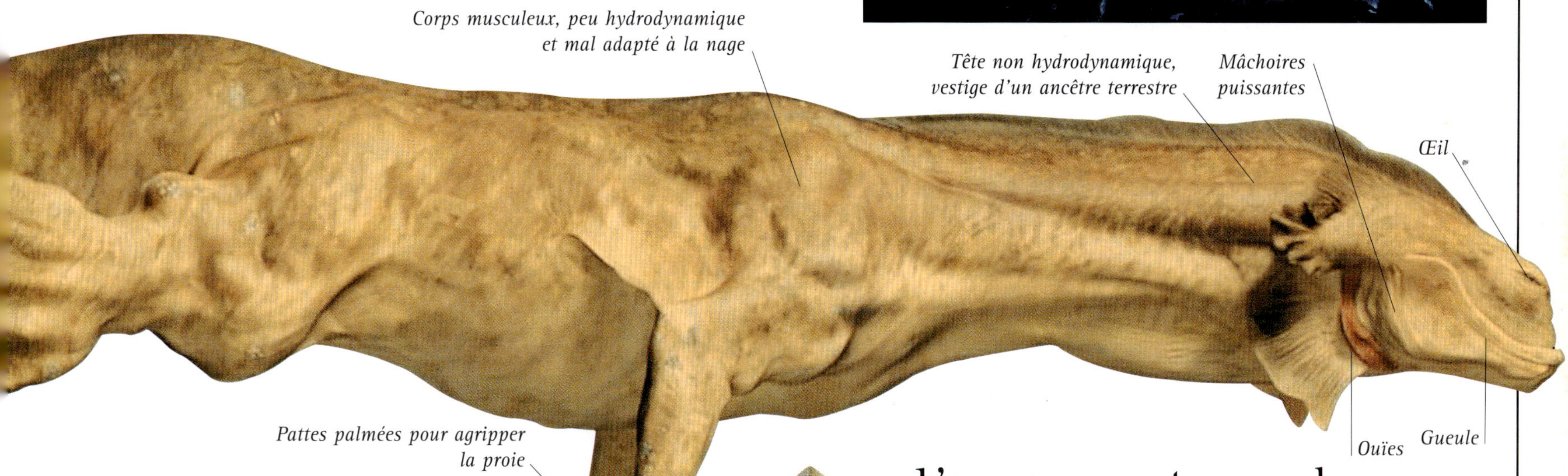

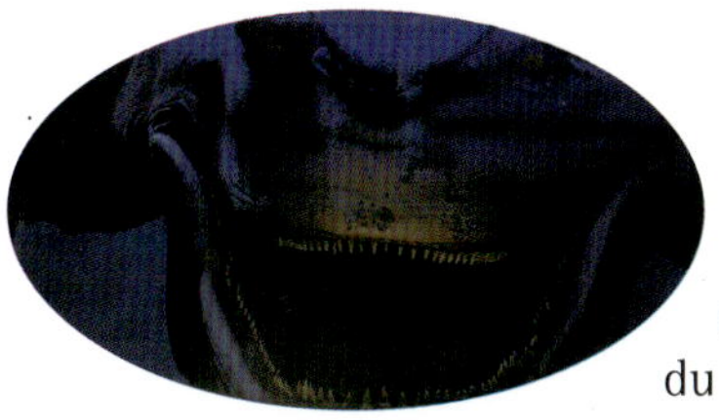

Mieux vaut se tenir à bonne distance du monstrueux sando, car il surgit de nulle part et ne fait qu'une bouchée de la plupart des autres créatures marines.

L'aqua-monstre sando

Cauchemardesque entre tous, il sait être discret, en dépit de sa taille gigantesque. Ses membres font de mauvaises palmes, ses ancêtres étant probablement terrestres. Nul ne sait comment cette formidable créature parvient à s'alimenter suffisamment pour entretenir ses fonctions vitales. C'est l'un des nombreux mystères de l'écologie de Naboo.

Les écailles du opee le protègent de la plupart des prédateurs marins, mais pas des puissantes mâchoires de géants tels que le sando.

Dark Maul

L'ORDRE DES SITH naquit voilà deux millénaires, quand un Jedi renégat tenta de régner grâce à la Force. Pervertis par le côté obscur dont ils tiraient leur puissance, les Sith se sont entre-tués, jusqu'à ce qu'un seul survive : Dark Bane. Contre cette autodestruction, Bane fit en sorte que seuls deux Sith puissent coexister à une époque donnée. Les Sith ont attendu le moment propice pour renverser les Jedi et s'emparer de la Galaxie. À présent le Maître Sith est le brillant et diabolique Dark Sidious, et il a formé l'un des plus dangereux apprentis Sith qui n'aient jamais été : Dark Maul.

Dark Sidious communique avec ses laquais neimoidiens et son apprenti Dark Maul au moyen d'un puissant transmetteur holographique. Il est réputé être extrêmement exigeant et ne pas supporter qu'on utilise avec lui un signal trop faible.

Le droïde sonde

Pour servir Dark Sidious, son apprenti Dark Maul recourt à des technologies élaborées. L'une d'elles est le droïde sonde "iris sombre", appareil de reconnaissance volant, programmable pour la recherche d'informations ou d'individus.

L'"IRIS SOMBRE"
Le droïde sonde localise sa proie par une imagerie multispectrale et de nombreux senseurs. Silencieux, il peut filmer et espionner conversations et communications électroniques, et recevoir un armement mortel.

Le speeder de Dark Maul est propulsé par un puissant moteur à répulseur. Conçu sans cockpit, il permet à Dark Maul de sauter d'un bond du speeder sur sa proie.

Les électrobinoculaires

Pour trouver les Jedi sur Tatooine, Maul se sert d'électrobinoculaires, équipées de senseurs de radiations pour la vision nocturne et de composants ultralumineux pour la vision à longue distance.

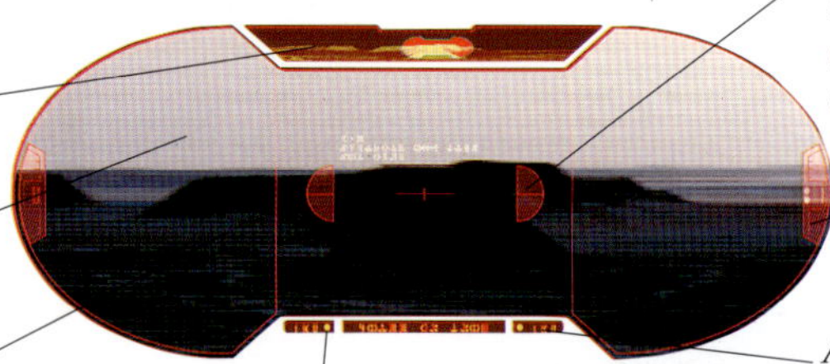

L'ÉCRAN DES ÉLECTROBINOCULAIRES
Connecté aux cartographieurs de son vaisseau, l'écran des électrobinoculaires de Maul détecte toutes cibles, traces de vie ou sources d'énergie. Formes, couleurs ou énergies spécifiques peuvent être visualisées, et même un bouclier défensif d'invisibilité est détectable.

Maul se vante d'être un habile pisteur, et il adore que son maître Sith lui assigne des missions difficiles.

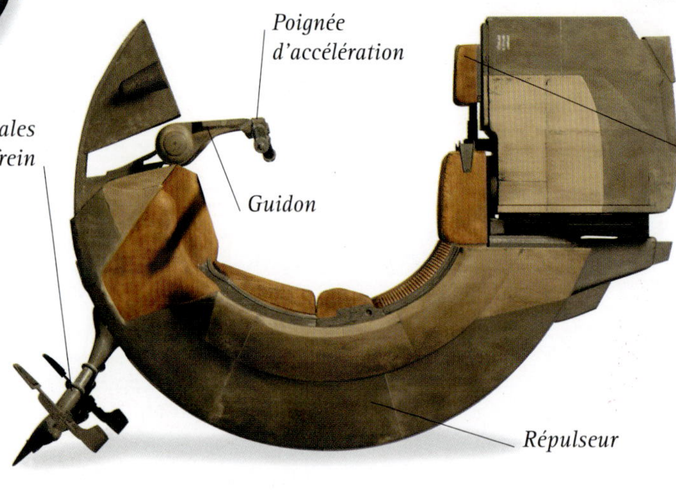

LE SITH SPEEDER
Le speeder n'est pas armé, Maul préférant l'attaque directe avec des armes à lames ou la traîtrise des bombes.

Apprenti sith

Dark Maul est l'un des Sith les mieux entraînés que l'ordre n'ait jamais comptés. Expert en tactique, Maul sert aveuglément son maître, sachant que l'heure viendra pour lui de dominer à son tour. Son visage est tatoué de symboles qui traduisent son dévouement total au côté obscur.

Avec son sabre laser à double lame, Maul peut affronter deux Jedi. Les Sith ayant disparu voilà 2 000 ans, les Jedi ont rarement à se battre contre un sabre laser.

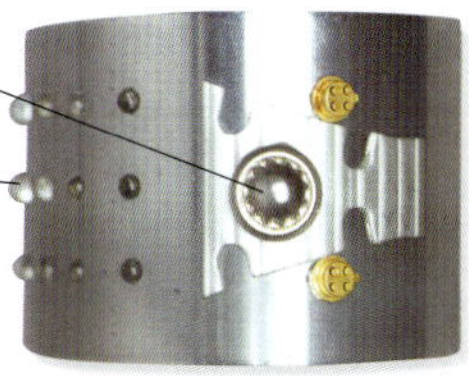

LE BRACELET
Il permet à Dark Maul de télécommander ses droïdes sondes, d'armer ses pièges, de déclencher ses bombes, et de capter les signaux de ses appareils de surveillance.

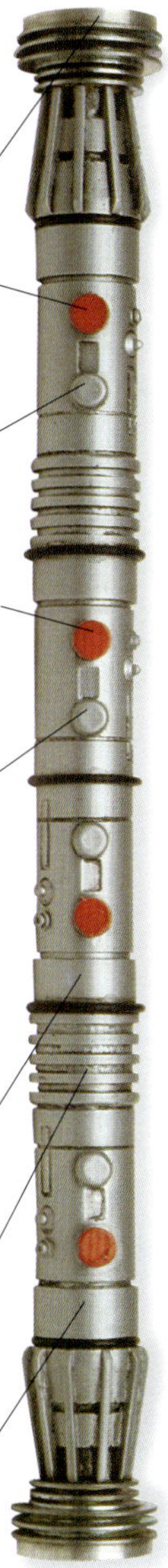

Le sabre laser de Maul

L'arme préférée de Dark Maul est un sabre laser à double lame. Habituellement réservé à l'entraînement, le sabre laser à deux lames est plus dangereux pour celui qui le manie que pour son adversaire, mais les mains de Dark Maul en font un mortel tourbillon d'énergie.

NOTES

◆ Le sabre laser de Maul contient deux jeux de composants internes, l'un pouvant suppléer à l'autre.

◆ Le Sith Infiltrateur, le vaisseau spatial de Dark Maul, possède un bouclier d'invisibilité.

Anakin Skywalker

CE GARÇON DE NEUF ANS qui habite sur Tatooine, planète désertique de la Bordure Extérieure, n'est pas un enfant ordinaire. Esclave du ferrailleur Watto, Anakin vit avec sa mère dans la ville spatioport de Mos Espa. Naturellement doué pour tout ce qui est mécanique, Anakin passe ses loisirs à réparer et construire des machines, y compris des moteurs de podracer et un droïde de travail. Qui-Gon Jinn, quand il décèle ses facultés et ses réflexes hors du commun, comprend qu'Anakin est habité par la Force.

Le petit casque d'Anakin lui a été offert par Taieb, un artisan local. Habituellement les humains ne portent pas de casque de podracing à Mos Espa, puisqu'ils sont incapables de piloter un podracer.

CELLULE D'ÉNERGIE DE PODRACER

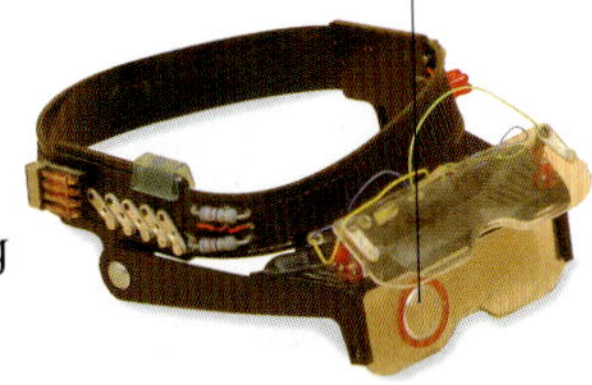

LUNETTES DE SOUDURE

La famille et les amis

La mère d'Anakin, Shmi, a foi en son fils, et l'encourage à échapper à l'esclavage. Son meilleur ami, Kitser, lui-même esclave, espère devenir majordome dans une riche famille de Mos Espa. Les étranges talents d'Anakin éloignent parfois de lui ses amis, mais Kitser lui reste loyal.

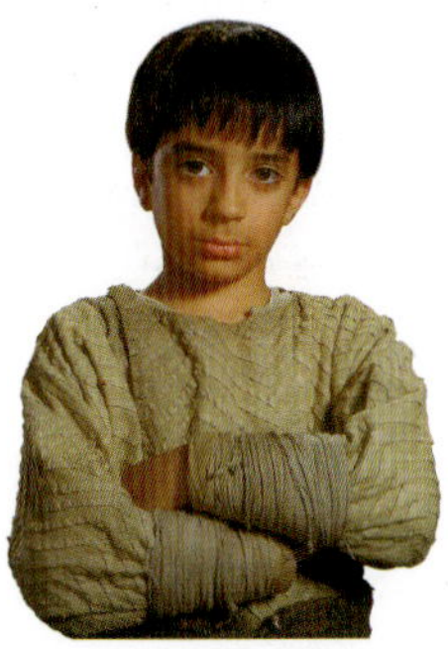

KITSTER

Wald, un jeune Rodian parlant le huttais, est l'un des amis d'Anakin, mais il ne croit pas à ses dons.

Chez les Skywalker, Anakin a sa propre chambre, où il entrepose composants électroniques et pièces mécaniques, car il est sans cesse en train de bricoler. Travailler pour Watto lui permet de s'approvisionner.

Esclave et rêveur

Sa mère a appris à Anakin à croire en lui et en ses rêves, malgré leur condition d'esclaves. Anakin a hâte d'être libre pour pouvoir piloter des vaisseaux spatiaux. Bientôt il découvre que croire en ses rêves peut avoir de grandes conséquences.

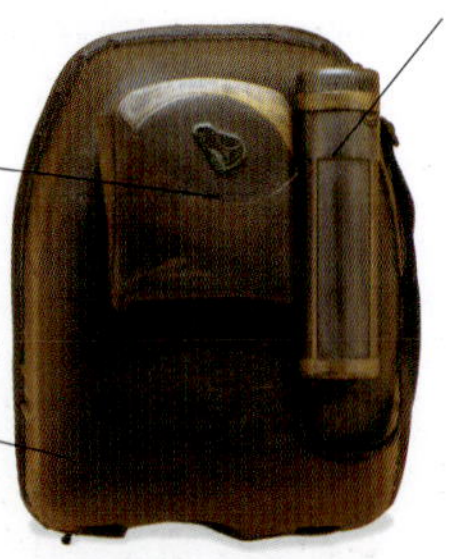

BAGAGE DE VOYAGE

WUPIUPIU (MONNAIE DE TATOOINE)

NOTES

◆ Anakin appartenait autrefois à un Hutt, Gardulla, mais il l'a perdu quand il avait trois ans, dans un pari contre Watto.

◆ À neuf ans, Anakin ne devrait pas pouvoir faire du podracing, mais la Bordure Extérieure est réputée pour son laxisme.

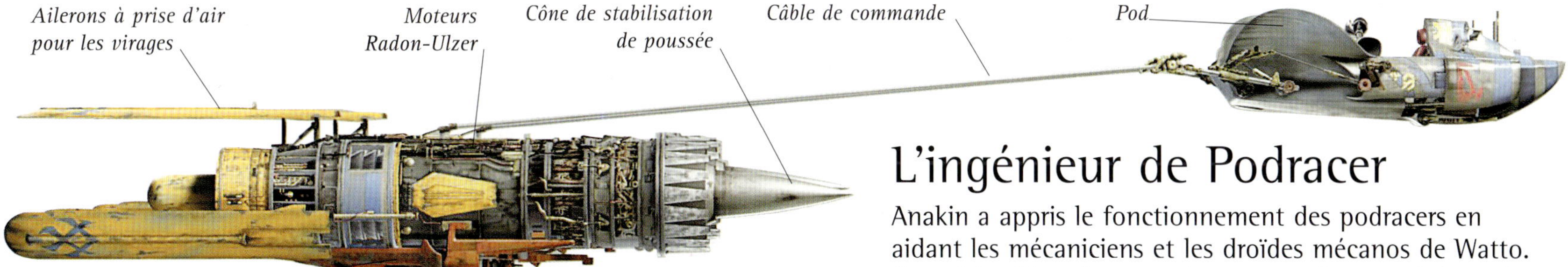

L'ingénieur de Podracer

Anakin a appris le fonctionnement des podracers en aidant les mécaniciens et les droïdes mécanos de Watto. Quand Anakin prit un podracer pour l'essayer, Watto fut à la fois furieux et stupéfait par les réflexes du garçon. De tests en essais qualificatifs, Anakin devint bientôt un tout jeune pilote de podracer.

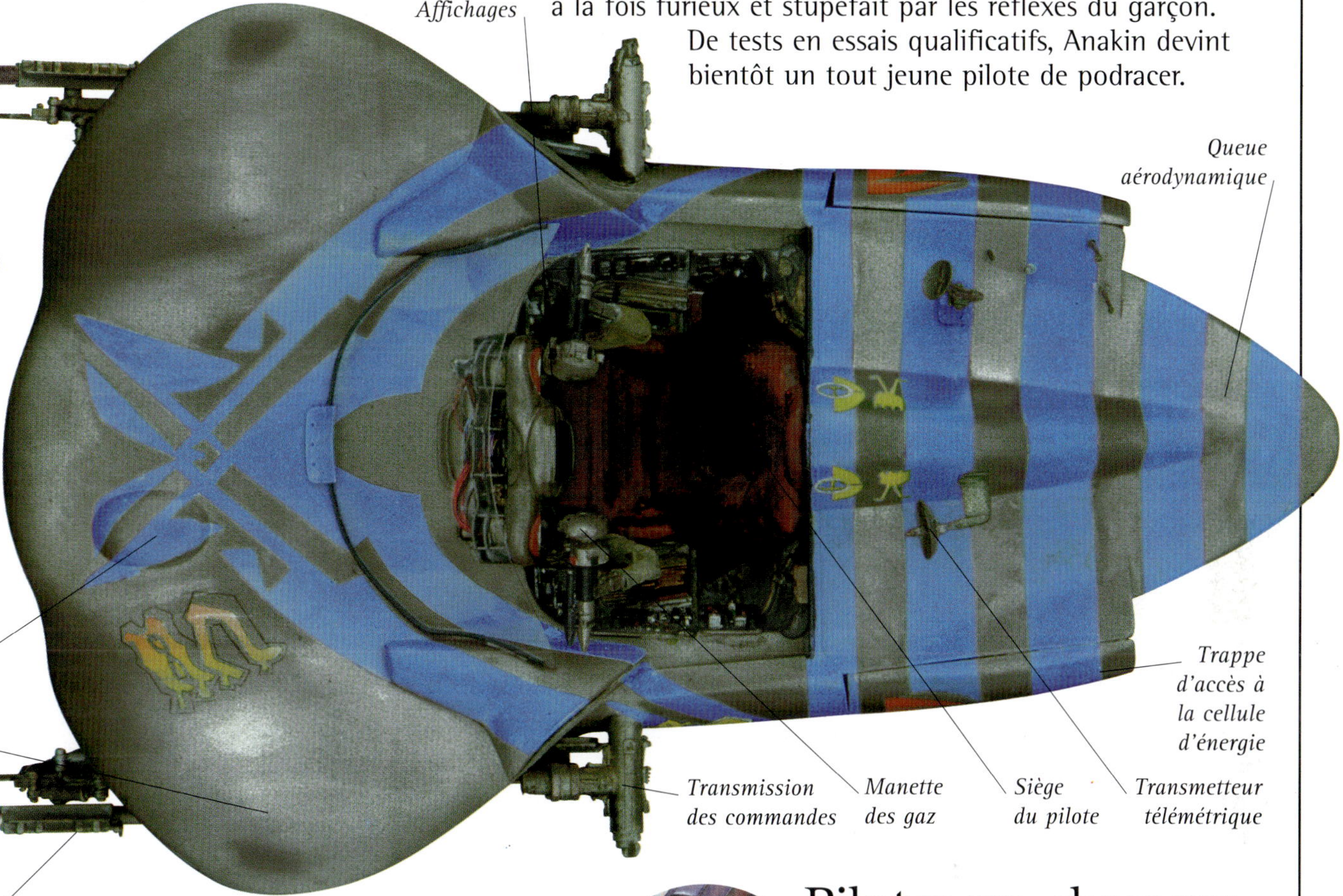

Quand Qui-Gon Jinn arrive à Mos Espa, Anakin pilote pour la première fois le podracer délabré qu'il a secrètement réparé.

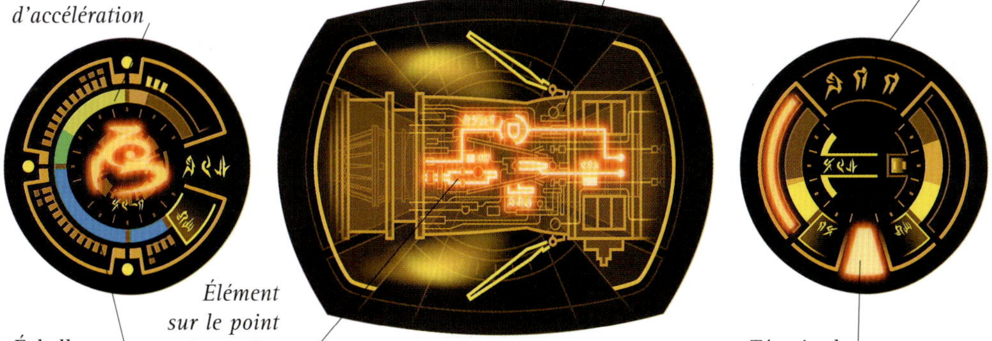

LES ÉCRANS DU PODRACER D'ANAKIN

Piloter un chasseur

L'un des rêves d'Anakin est de devenir pilote de chasseur, et il s'entraîne souvent en simulateur. Ses amis pensent qu'il rêve debout, mais quelques-uns savent qu'il n'est pas ordinaire. Durant l'invasion de Naboo, Anakin se cache dans le cockpit d'un chasseur... au cas où.

Quand le pilote automatique du chasseur s'enclenche et le propulse au cœur de la bataille, seule la vivacité d'esprit d'Anakin lui permet de s'en sortir vivant.

Anakin s'écrase sur le vaisseau amiral droïde de la Fédération du Commerce et tire accidentellement ses torpilles dans les réacteurs de pilotage, déclenchant une terrible réaction en chaîne.

Ses rêves commençant à se réaliser, Anakin Skywalker se retrouve dans la Salle du Conseil des Jedi, sur Coruscant. Yoda pense que le garçon est trop âgé, trop colérique et trop peureux pour faire un Jedi, mais Anakin entend qu'on le respecte.

Shmi Skywalker

QUAND DES PIRATES capturèrent ses parents, sur la Bordure Extérieure, la jeune Shmi Skywalker fut séparée d'eux et vendue comme esclave. Elle eut une enfance pénible de domestique, transportée d'un système à un autre pour servir des maîtres d'espèces variées. À l'adolescence, on en fit une employée d'entretien. L'esclavage est illégal dans la République, mais la loi n'est pas appliquée partout, et si les droïdes suffisent aux petits travaux, un esclave vivant confère du prestige à son propriétaire.

L'ATELIER
Quand elle ne travaille pas chez Watto, Shmi améliore son revenu en nettoyant des composants de mémoire d'ordinateurs. Un recoin de sa maison est consacré à cette activité.

Aéroloupe

Certains des outils de l'atelier de Shmi lui ont été donnés en reconnaissance pour son travail. Quand Watto a trouvé une aéroloupe dans un lot de rebuts, il l'a offerte à Shmi, alors qu'il aurait pu la revendre.

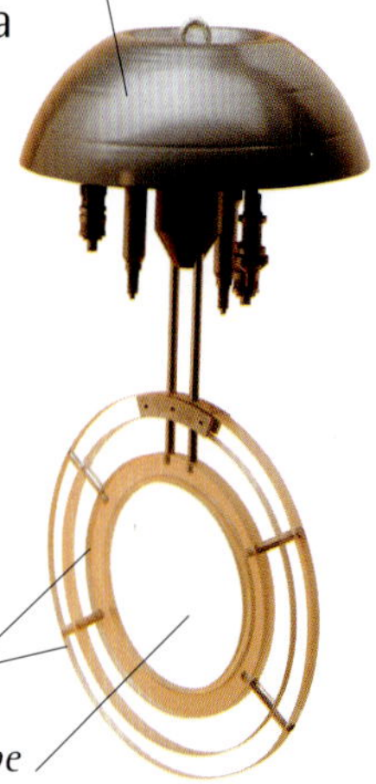

LA CUISINE DE SHMI
Bien qu'elle soit pauvre, Shmi veille à entretenir son foyer. Sa cuisine comprend quelques ustensiles, mais pas les onéreux appareils à conserver la moisissure qui économiseraient une eau précieuse.

PRODUITS DE MOS ESPA

Quand le Maître Jedi Qui-Gon Jinn décèle les dons d'Anakin et lui offre de modifier son destin, il faut à Shmi beaucoup d'amour pour laisser partir son fils.

Esclave et mère

Après quelques désillusions, Shmi Skywalker a accepté son existence et se consacre à Anakin, qu'elle adore. Tous deux habitent le Quartier des Esclaves, un taudis en bordure de Mos Espa.

NOTES

◆ Shmi a acquis son bagage technique au service d'un précédent maître, Pi-Lippa, qui voulait l'affranchir. À sa mort, Shmi fut pourtant vendue à l'un des proches de Pi-Lippa.

◆ Shmi devine toujours la présence d'Anakin, même quand elle ne peut ni le voir ni l'entendre.

C-3PO

LES DROÏDES PROTOCOLAIRES Cybot Galactica standards sont en service depuis des générations. Un jour Anakin en trouva un, délabré, et le restaura pour qu'il aide sa mère. Patiemment il réunit des pièces, en fabriqua d'autres, et le recâbla entièrement. Le droïde d'Anakin n'a pas de "peau", car les carters pour droïdes coûtent très cher : le malheureux droïde qu'Anakin a baptisé C-3PO ne sait pas encore qu'il est nu.

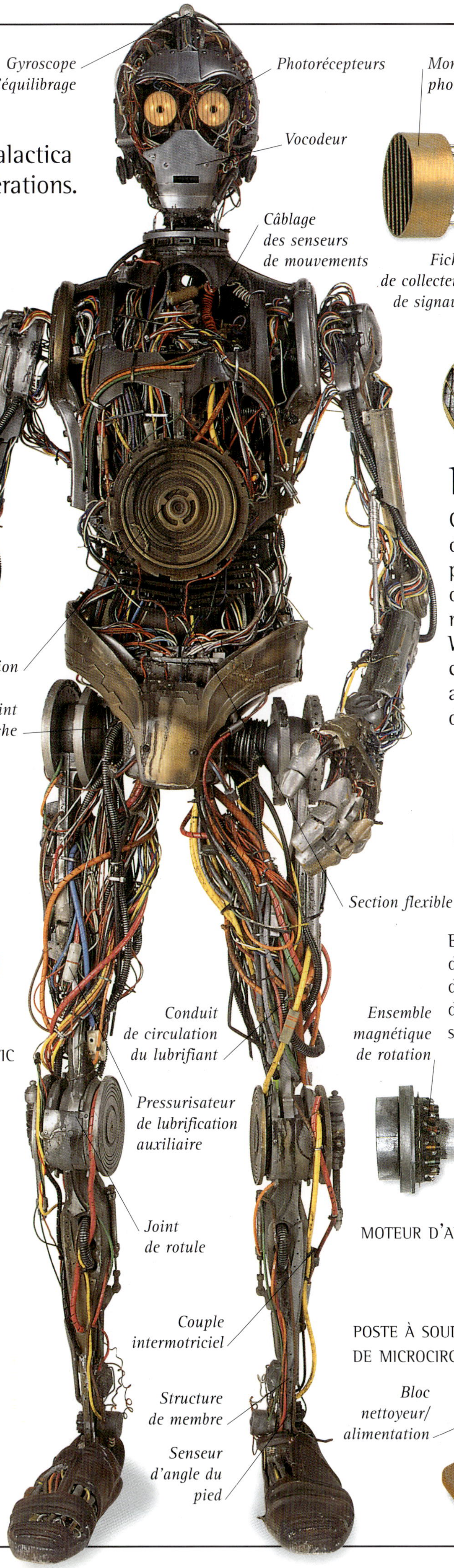

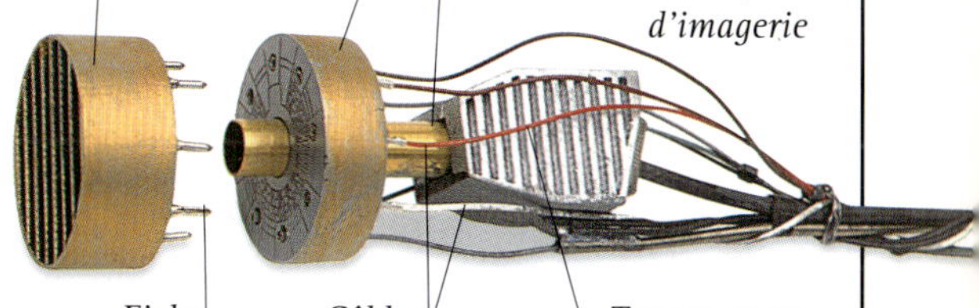

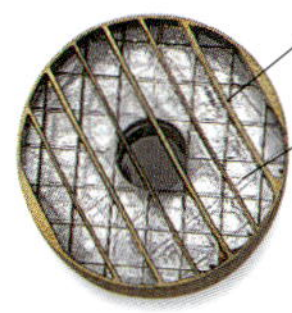

PHOTORÉCEPTEUR VU DE FACE

Les photorécepteurs

Ceux du vieux droïde étant hors d'usage, Anakin les a remplacés par les yeux d'un droïde d'occasion acheté par Watto, mais ils fonctionnent mal, et Watto n'a toujours pas compris comment le droïde à demi aveugle est parvenu à entrer dans son magasin.

Bien qu'Anakin ne manque pas d'expérience, C-3PO est son premier droïde fonctionnel. Construire un droïde, même à partir d'éléments standards, est un travail délicat.

DÉMAGNÉTISEUR

ÉCRAN DE DIAGNOSTIC

LES OUTILS D'ANAKIN
Le vent et le sable abîmant tout sur Tatooine, Anakin et Shmi fouillent les décharges et emportent chez eux les appareils jetés aux rebuts.

MOTEUR D'ARTICULATION

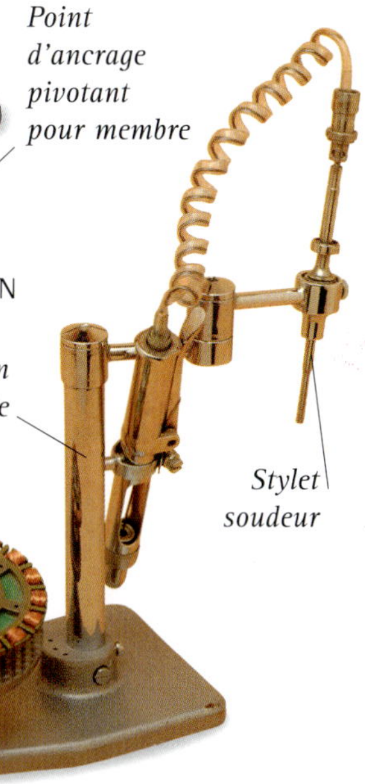

POSTE À SOUDURE DE MICROCIRCUITS

NOTES

◆ La structure corporelle de C-3PO a plus de 80 ans.

◆ La programmation de C-3PO comprend des banques mémorielles dont il a tiré les graphiques qui ornent le podracer d'Anakin. C'est en travaillant sur cette machine qu'il rencontre son futur partenaire, R2-D2.

Sur la Bordure Extérieure, l'argent virtuel ne compte pas : quand Qui-Gon Jinn lui propose des crédits de la République, Watto s'esclaffe.

Watto

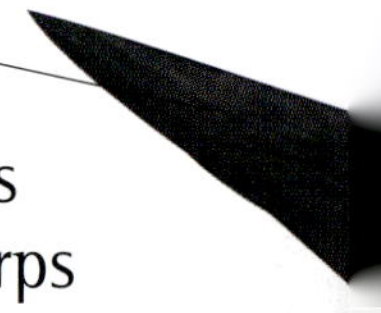

CE TOYDARIAN, QUI PEUT VOLER grâce à ses deux ailes à battements rapides, est moins lourd qu'il n'y paraît, les tissus spongieux de son corps boudiné étant remplis de gaz. Rusé et possessif, Watto dirige une boutique de pièces détachées à Mos Espa, ville frontière de Tatooine. Le ferrailleur a la bosse des affaires et la passion du pari, et mise souvent gros lors des célèbres compétitions de podracing, enchérissant contre les Hutts qui contrôlent tous les jeux. Son célèbre flair lui a valu de gagner de nombreux esclaves.

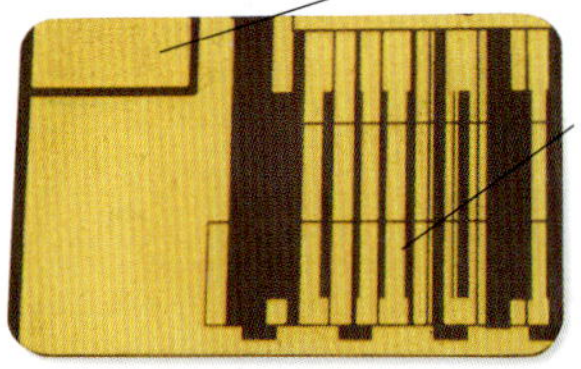

CARTE DE CRÉDIT DE LA RÉPUBLIQUE

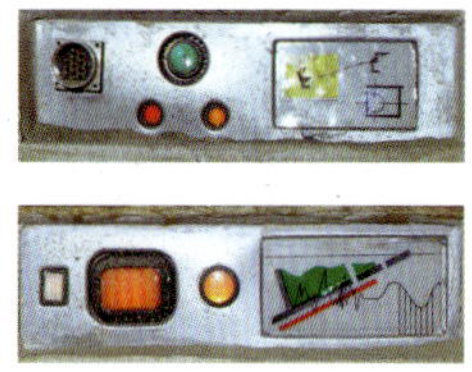

BLOCS-TESTEURS

La ferraille de Watto

Watto se dit négociant en pièces détachées, mais pour tout le monde c'est un ferrailleur. En effet, il vend aussi bien des droïdes en état de marche que des rebuts dont même un Jawa ne voudrait pas. Son personnel est constitué de droïdes et d'esclaves.

On trouve d'étranges bricolages chez Watto, dont le drone R-1 jawa qui l'assiste dans la boutique.

LE BLOC-NOTES DE WATTO
Bien qu'il connaisse par cœur son inventaire, Watto a soin d'en conserver le relevé codé dans son bloc-notes.

Droïde d'alimentation

Les droïdes de la série GNK sont des générateurs mobiles multiusage. Ils volettent dans l'arrière-boutique et l'indifférence générale.

NETTOYEUR DE MAGNÉTITE PARLANT

UN VOL COÛTEUX

Les ailes de Watto battent jusqu'à dix fois par seconde, ce qui consomme beaucoup d'énergie. Pour reprendre des forces, Watto mange des nourritures concentrées et des œufs-graines d'importation.

TRICHERIES

Pour choisir quel esclave, Anakin ou sa mère Shmi, il va céder à Qui-Gon Jinn, Watto n'hésite pas à utiliser des dés pipés. Mais le Jedi truque lui aussi la partie en utilisant ses pouvoirs mentaux pour qu'Anakin soit choisi.

AUX COURSES

Watto adore se divertir aux courses de podracers de l'Arène de Mos Espa. Sa loge est pleine d'amis non-humains, tous passionnés, priant et conspuant comme tous les publics. C'est cette atmosphère de ferveur partagée pour les courses qui retient Watto sur Tatooine.

Un Toydarian

Les lacs du monde natal de Watto regorgeant de parasites et de prédateurs, la faculté de voler y est vitale. Une fois en sûreté, les Toydarians se déplacent sur des tapis d'algues grâce à leurs pieds palmés.

SHISHA DE WATTO

LA BONNE VIE

Watto fume une pipe à huile shisha et utilise des parfumeurs pour recréer sur Tatooine l'odeur d'algues des lacs toydarians.

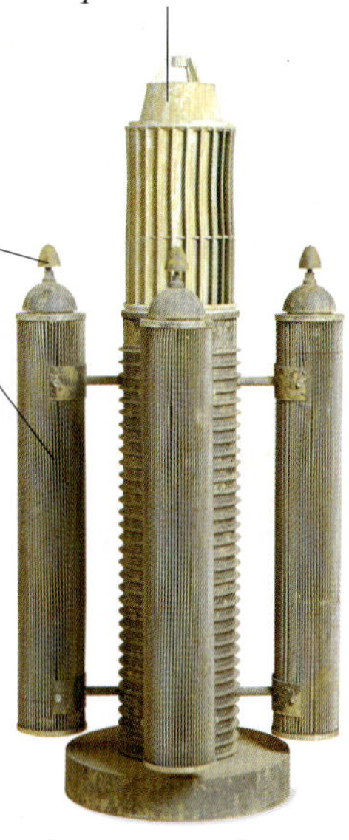

PARFUMEUR

NOTES

◆ À son arrivée sur Tatooine, Watto a fréquenté les Jawa. Ils lui ont parlé de gisements de ferrailles fabuleux, et enseigné à vendre un droïde mécano hors d'usage.

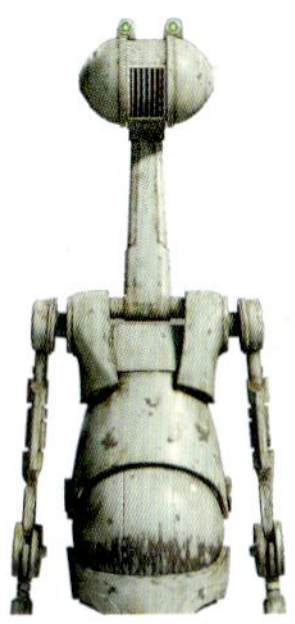

◆ Sévère mais juste, Watto traite ses esclaves mieux que la moyenne des maîtres.

LE PERDANT

Fier de ses paris colossaux, Watto court à la ruine quand son pilote favori, Sebulba, perd la Boonta Eve. Hors de lui, Watto pense à ce qu'il aurait pu gagner en misant sur le vainqueur, son propre esclave, Anakin Skywalker.

Sebulba

SEBULBA S'EST HISSÉ au premier rang des pilotes de podracers qui fréquentent la Bordure Extérieure par un mélange de courage, d'habileté et de tricherie éhontée. Il n'hésite pas à incendier ses adversaires, mais il sait où les caméras de course sont placées, et ses actes criminels passent toujours inaperçus. Sebulba a compris qu'à Mos Espa le succès permet tout. Désormais puissant et célèbre, ce Dug sans scrupule n'a qu'un souci : un jeune pilote de podracer nommé Anakin Skywalker.

C'est la peur qui inspire la colère de Sebulba envers Anakin : si le jeune humain devait gagner une course, même par hasard, Sebulba serait ridiculisé, et le haineux Dug n'a pas l'intention que ça se produise.

Sebulba est un Dug arboricole de Malastare. Sur leur planète à forte gravitation, passer d'arbre en arbre donne aux Dugs force et parfaite coordination. Pour la plupart ils ne désirent pas quitter Malastare, ce qui arrange toute la Galaxie car les Dugs sont des brutes notoires.

Le podracer de Sebulba

Le podracer géant de Sebulba, un Collor Pondrat Plug-F Mammouth Split-X, serait disqualifié si les commissaires parvenaient à l'examiner de près. Les armes qu'il y cache, tel son lance-flammes, lui confèrent un certain avantage en course.

Les cockpits des podracers sont adaptés à la morphologie de leur pilote. L'ensemble complexe de pédales et de leviers de Sebulba se double d'une informatique encore plus complexe, qui lui permet de surveiller tous les systèmes pendant la course.

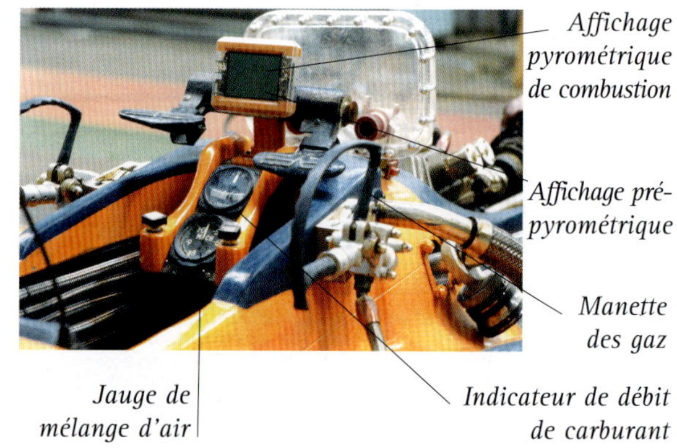

Le public des courses adore les vainqueurs, et Sebulba gagne régulièrement. L'odieux Dug amuse la foule, dont il est devenu le favori.

Sebulba, Pilote Anarchiste

Sebulba est un pilote talentueux, mais pas suffisamment pour devenir le numéro un par son seul mérite. Quand il a compris l'efficacité de l'intimidation et de la tricherie, il a monté des armes secrètes sur sa machine. Éliminer ses adversaires sans se faire prendre fait maintenant tout l'intérêt du podracing pour le fielleux Dug.

SES ARMES SECRÈTES
Brouiller la télémétrie des moteurs de ses adversaires ou saboter leurs outils, rien n'arrête Sebulba.

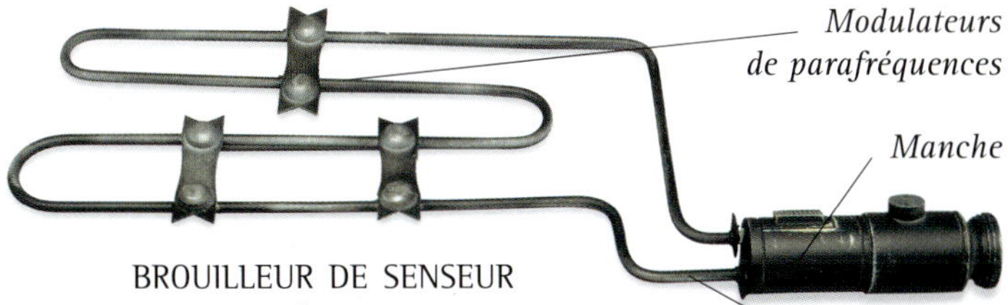

BROUILLEUR DE SENSEUR DE FRÉQUENCES

RENIFLEUR DE FUITES

Les Jumelles Twi'lek

Sebulba hait les Hutts, mais ils lui ont appris comment dépenser son argent. Ainsi le Dug s'est-il offert d'onéreuses jumelles Twi'lek rutian bleues, autant pour le masser avant les courses que pour aiguiser la jalousie des autres compétiteurs.

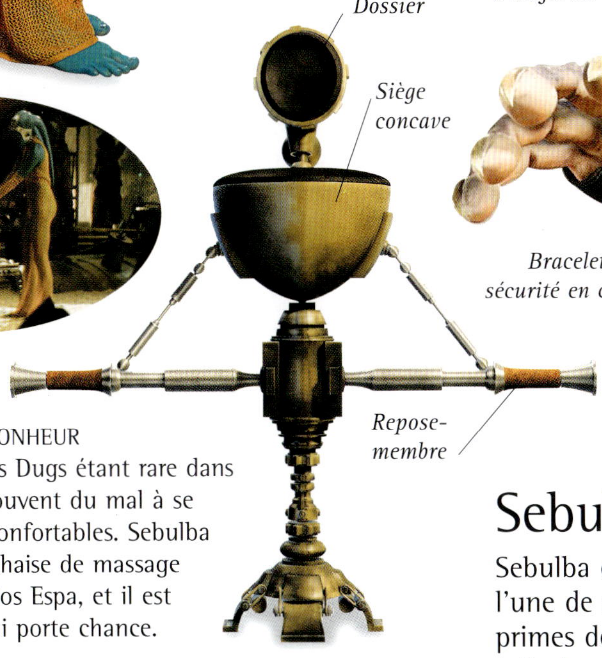

SA CHAISE PORTE-BONHEUR
La conformation des Dugs étant rare dans la Galaxie, ils ont souvent du mal à se trouver des sièges confortables. Sebulba s'est fait faire une chaise de massage par un artisan de Mos Espa, et il est convaincu qu'elle lui porte chance.

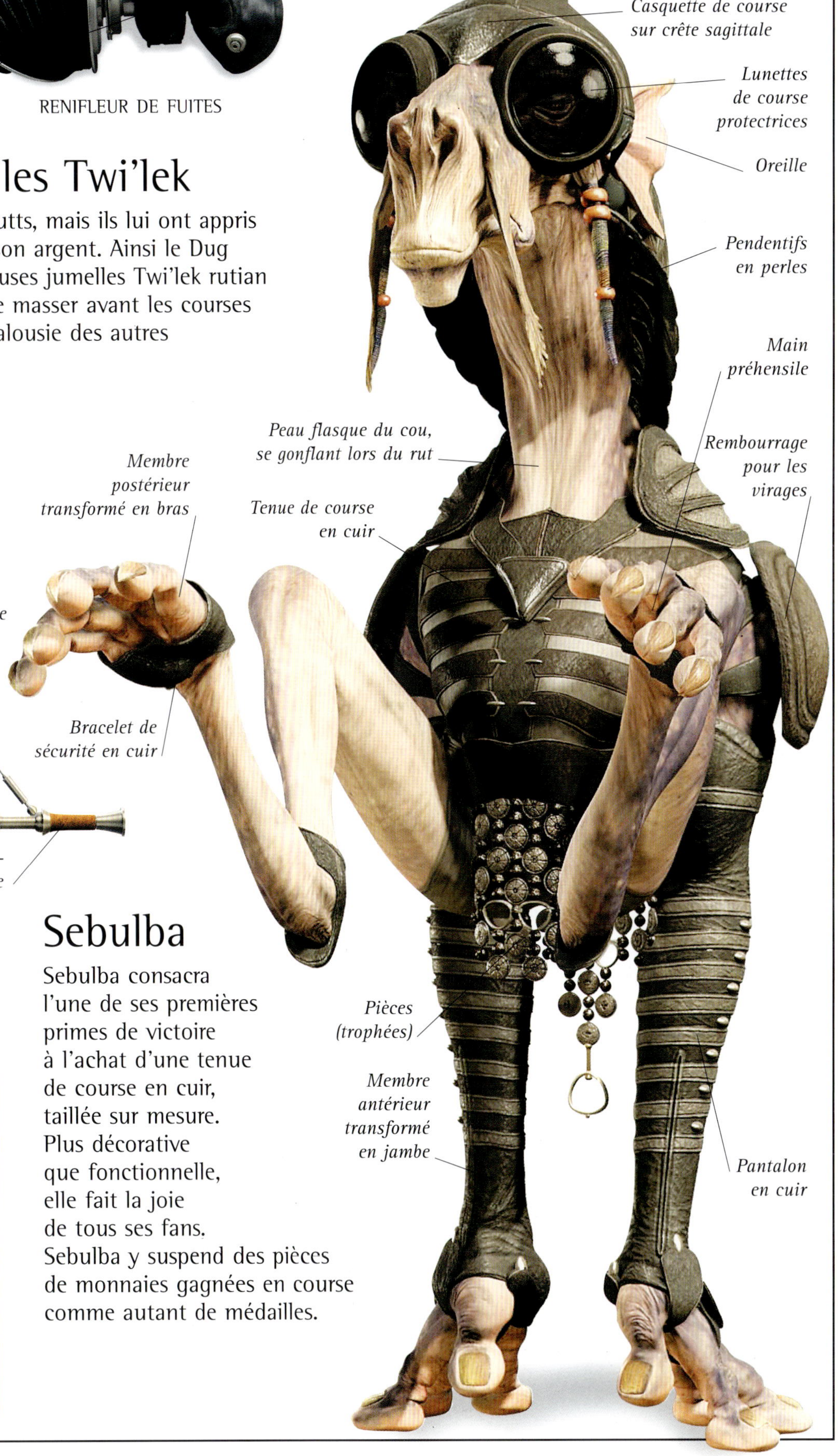

Sebulba

Sebulba consacra l'une de ses premières primes de victoire à l'achat d'une tenue de course en cuir, taillée sur mesure. Plus décorative que fonctionnelle, elle fait la joie de tous ses fans. Sebulba y suspend des pièces de monnaies gagnées en course comme autant de médailles.

NOTES

◆ Le podracer de Sebulba peut dépasser les 829 km/h.

◆ L'une des premières armes de Sebulba expédiait des clous au visage de ses poursuivants. Désormais il préfère le lance-flammes.

Dans les stands

LES PODRACERS SONT DES ENGINS complexes nécessitant beaucoup d'entretien. À 800 km/h, le matériel est mis à rude épreuve, et le personnel des stands doit souvent reconstruire les machines entre deux courses. Assistés par des droïdes mécanos survoltés, harcelés par les commissaires de course, les mécaniciens doivent en outre supporter l'ego des pilotes. Malgré tout, ils sont fiers d'être indispensables au spectacle.

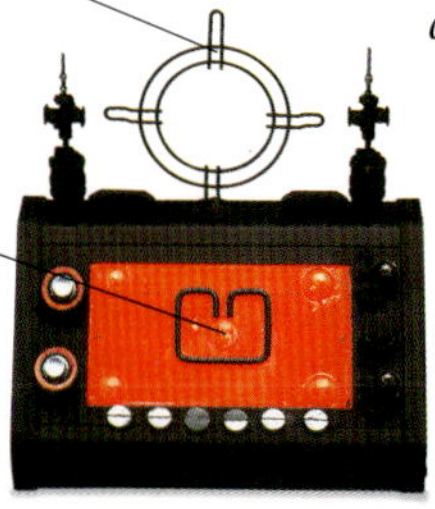

ANALYSEUR DE PUISSANCE

CALIBREUR D'INSTRUMENT

Les mécaniciens utilisent des instruments spéciaux pour tester les podracers. Les outils devraient théoriquement être standards pour plus d'équité, mais chaque équipe a les siens.

Le hangar des stands

Jusqu'au dernier instant, dans le vaste hangar de l'Arène de Mos Espa, les droïdes mécanos règlent les podracers suspendus à des grues. Quand des officiels de course veulent vérifier les machines, les mécaniciens savent les tromper, les menacer ou les soudoyer.

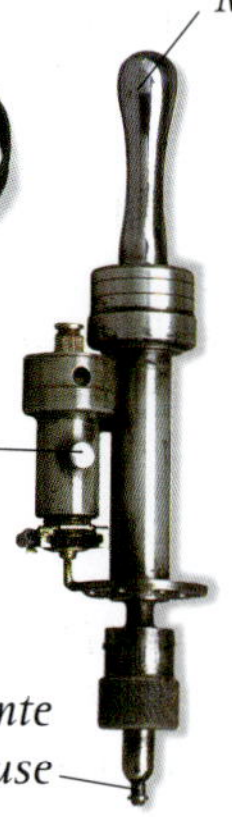

DÉTECTEURS D'IMPULSION
Ils sont indispensables pour contrôler la dangereuse puissance des podracers.

Les énormes turbines d'un podracer doivent être finement réglées pour résister à la course. Ce travail est dangereux, et les mécaniciens doivent prendre garde à ce que les turbines soient arrêtées avant de s'en approcher.

LES MÉCANICIENS
Les humains sont physiquement incapables de piloter un podracer, mais ce sont d'excellents mécaniciens. Ces génies méconnus fabriquent donc des moteurs extraordinaires, dont d'autres espèces tirent le meilleur parti.

Les droïdes mécano grouillent tellement autour des podracers que personne ne remarque les gesticulations auxquelles ils se livrent en s'efforçant de faire leur travail. Seuls les mécaniciens prennent des décisions, et supervisent les modifications apportées aux moteurs.

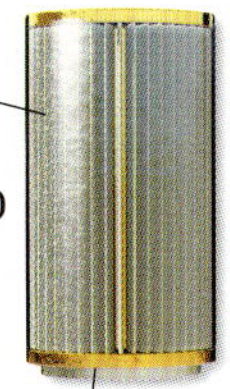

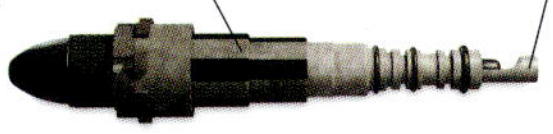

NOTES

◆ Le taux de mortalité à la Classique de Boonta Eve est le plus élevé de toute la Bordure Extérieure.

◆ On arrête un droïde mécano en lui donnant une tape sur le "nez" : alors il se compacte et cesse de causer des catastrophes.

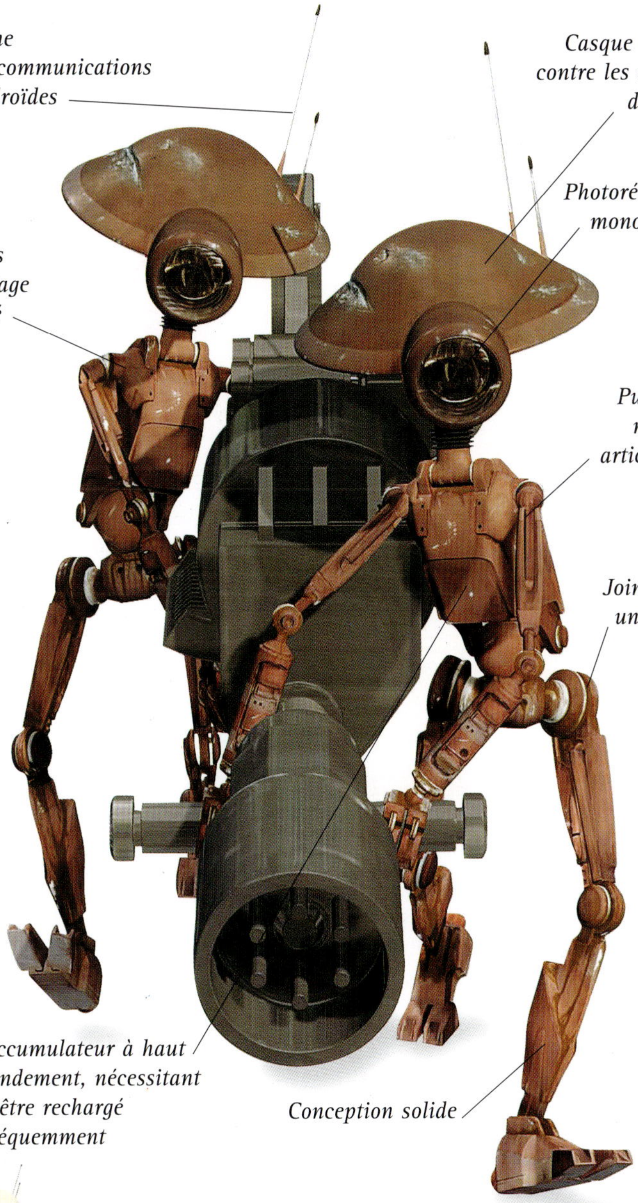

Les droïdes mécanos

Programmés pour être sans cesse actifs, ces droïdes utilitaires secondent les mécaniciens. De forme compacte, ils peuvent s'insinuer partout dans les moteurs des podracers. Équipés d'un minimum de processeurs logiques, ils obéissent sans poser de questions, mais s'embrouillent facilement quand on les laisse travailler seuls.

LES PRINCIPAUX CONCURRENTS

TEEMTO PAGALIES
Sûr de gagner grâce à son nouvel électro-stabilisateur, il prend le départ de la Classique de Boonta Eve aux commandes d'un podracer à peine testé.

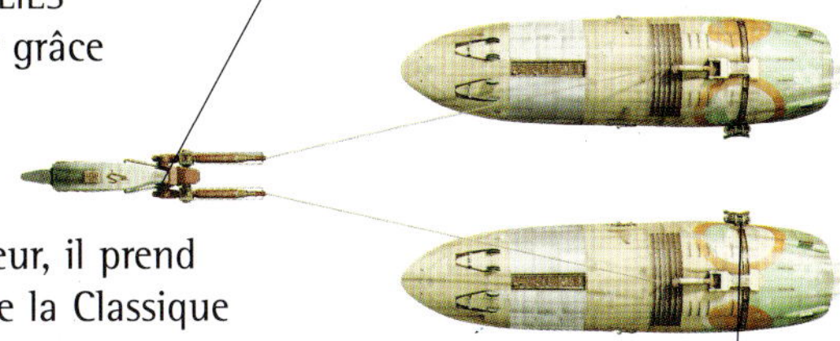

RATTS TYERELL
D'allure anodine, il est capable de modifier son métabolisme, pour s'adapter aux conditions de course ou fuir les prédateurs sur son monde natal.

GASGANO
Grâce à ses vingt-quatre doigts, il peut en une seule opération modifier l'alimentation de son moteur, contrôler les vannes de pression et optimiser le débit du comburant.

BEN QUADINAROS
Habitué au Circuit de Pouffra, il est paralysé par la peur au moment de prendre son premier départ à la dangereuse Classique de Boonta Eve sur Tatooine.

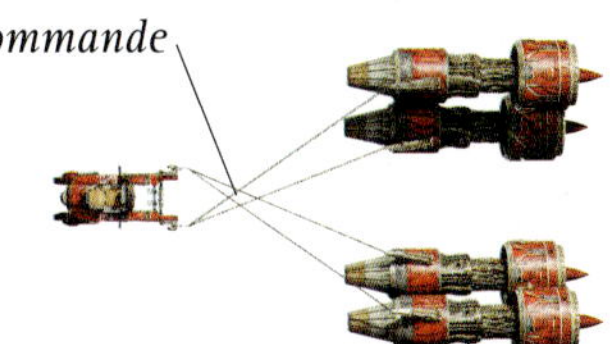

Le public du Podracing

LE SPECTACLE QU'OFFRE UNE COURSE de podracers sur la Bordure Extérieure n'a pas son pareil. Après avoir triomphé d'éliminatoires périlleuses, les pilotes foncent dans des paysages escarpés, aux commandes de machines expérimentales, prenant tous les risques, bafouant le règlement et méprisant la sécurité. Assister à la Course de Boonta Eve sur Tatooine, c'est vivre l'excitation de la course à l'état pur.

L'Arène de Mos Espa

Avant le départ, l'atmosphère est électrique. Les spectateurs emplissent les gradins, les riches gagnent leurs loges ou leurs plates-formes aériennes, dans les stands on fourbit les podracers, et dans les bureaux de pari on mise fiévreusement, les cotes changeant en quelques secondes.

La grille de départ de la course de Boonta Eve résulte d'un curieux mélange de palmarès individuel, de corruption éhontée et de véritable chance.

VUE DE PROFIL

Box du directeur de course, avec feux de départ et compte-tours

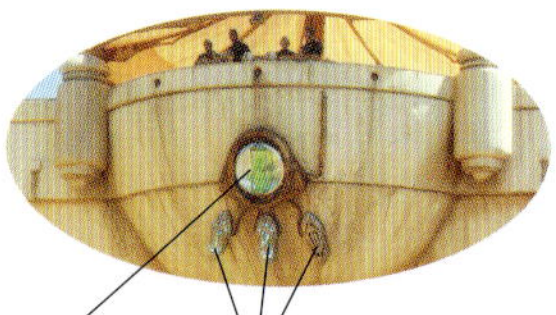

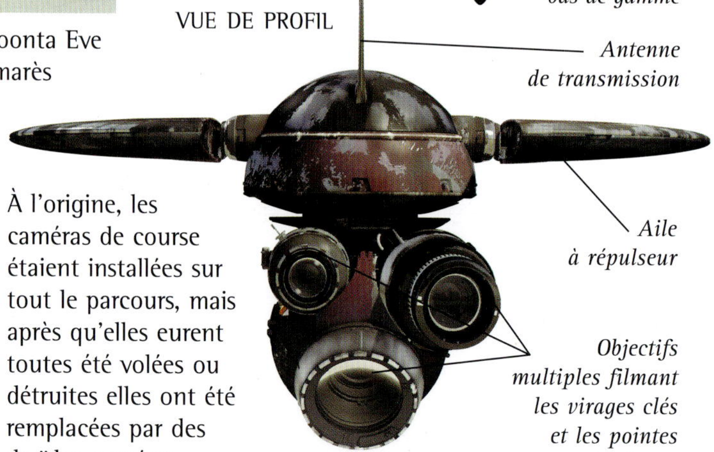

À l'origine, les caméras de course étaient installées sur tout le parcours, mais après qu'elles eurent toutes été volées ou détruites elles ont été remplacées par des droïdes-caméras volants.

DROÏDE-CAMÉRA

DES SPECTATEURS FANATIQUES
Lors d'une grande course comme la Boonta Eve, les fans envahissent la vaste Arène de Mos Espa par milliers, et dans toutes les langues de la Galaxie on parie des fortunes sur les favoris ou les outsiders.

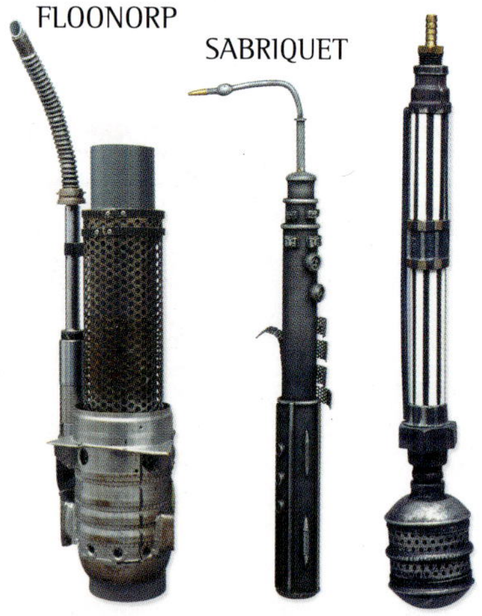

LES INSTRUMENTS DE MUSIQUE
Pour la plupart, les instruments des musiciens qui parcourent les gradins en faisant la quête sont bricolés à partir de pièces de moteurs.

NOTES

- L'Arène de Mos Espa accueille plus de 100 000 spectateurs.
- Les pilotes disposent de places d'honneur pour leurs familiers. La mère d'Anakin assiste à la course depuis une plate-forme.

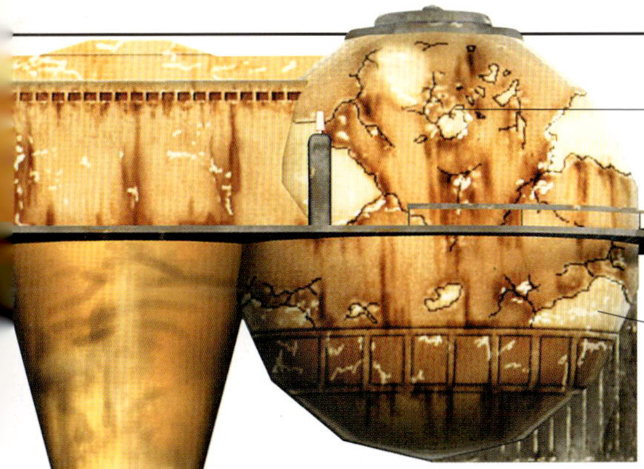

Les ballons de Course

Les Hutts faisant payer les images prises par les droïdes-caméras officiels, un marché parallèle est apparu, utilisant des caméras bas de gamme installées sur des ballons, puisque seules les caméras à répulseur sont surveillées. Certains spectateurs louent même des ballons, qui sont souvent abattus par des fans alcoolisés ou mauvais perdants.

ÉLECTROBINOCULAIRES DE COURSE

ÉCRANS PORTATIFS
La plupart des spectateurs préfèrent des écrans portatifs ou des électrobinoculaires aux écrans géants qui retransmettent les images des caméras dans les bureaux de pari de la Citadelle de l'Arène.

LES AUTRES CONCURRENTS

BOLES ROOR
Avec son podracer de série, il n'aurait jamais dû venir sur Tatooine. Il aura de la chance s'il franchit la ligne d'arrivée.

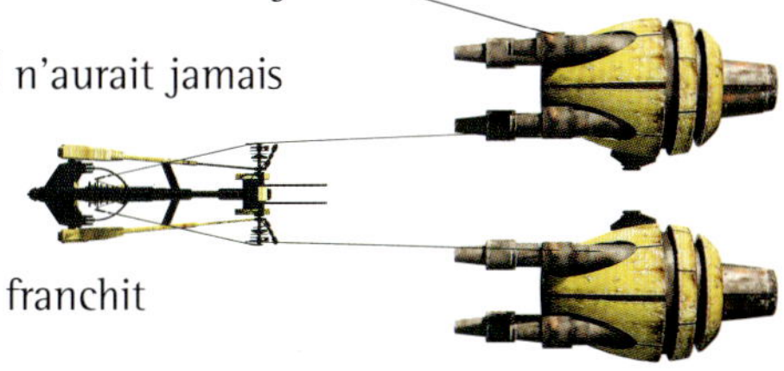

MARS GUO
Grand vantard, ce Phuii raffole des masseuses à peau bleue et court-vêtues. Il découvrira qu'on ne baratine pas impunément l'esclave d'un Dug rancunier.

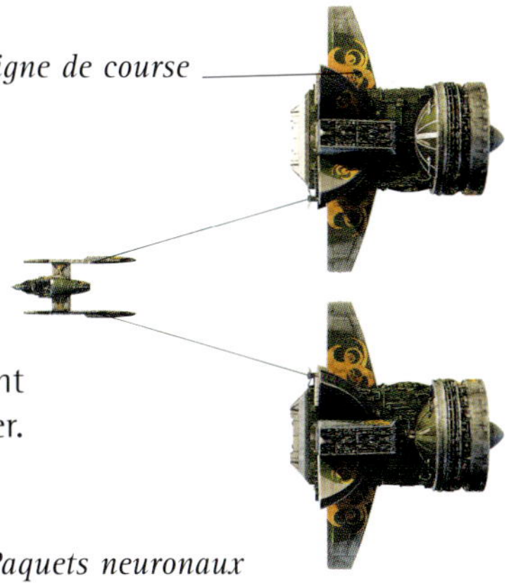

MAWHONIC

ARK "BUMPY" ROOSE

NEVA KEE

ELAN MAK

CLEGG HOLDFAST

ALDAR BEEDO

EBE ENDOCOTT

WAN SANDAGE

DUD BOLT

ODY MANDRELL

Jabba le Hutt

Mos Espa est censée être dirigée par un obscur fonctionnaire, mais c'est l'opulent gangster et "Premier Citoyen" Jabba le Hutt qui tire les ficelles. Il préside à la Boonta Eve depuis sa luxueuse loge, uniquement préoccupé par les gains que lui rapportera la course. Bib Fortuna, son majordome, gère toute l'organisation et fait tourner les affaires en douceur.

Les habitants de Tatooine

Chimiquement amélioré par son propriétaire, Erdan l'esclave porte sur le visage la marque de son maître.

MONDE FRONTIÈRE, TATOOINE SE TROUVE placée entre les planètes civilisées du centre galactique et les systèmes lointains de la Bordure Extérieure. Ses spatioports, contrôlés par des gangsters hutts, voient passer toutes sortes de marchandises de contrebande. Sur sa surface désertique vivent des colons pauvres, des voyageurs ruinés, des aliens douteux, toutes sortes de droïdes, ainsi que les rares autochtones de Tatooine, adaptés à la vie sur ce monde difficile.

Les pilotes désireux de s'aventurer au-delà de Tatooine attendent du travail à l'ombre des cafés, se rafraîchissant aux tables climatisées. Pour passer le temps, ils jouent au triga.

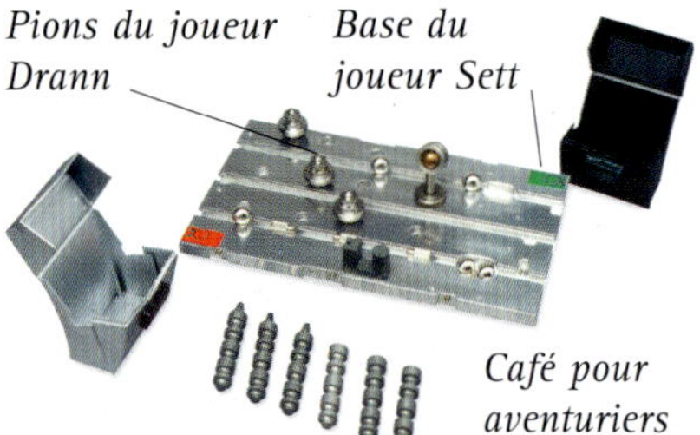

JEU DE TRIGA

VENDEUSE DE GORGS
Gragra prétend stocker la nourriture amphibie au frais, alors qu'elle l'élève dans les égouts de Mos Espa.

Le marché

Ses allées surpeuplées divisent le marché de Mos Espa en secteur spécialisés. Les uns assurent le quotidien des habitants, d'autres proposent des droïdes domestiques et réparateurs, et même, si on cherche bien, des armes illégales.

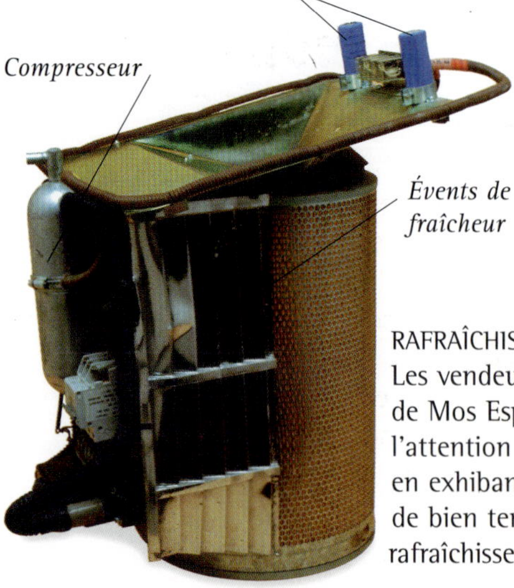

RAFRAÎCHISSEURS
Les vendeurs de rue de Mos Espa attirent l'attention du client en exhibant de bien tentants rafraîchisseurs.

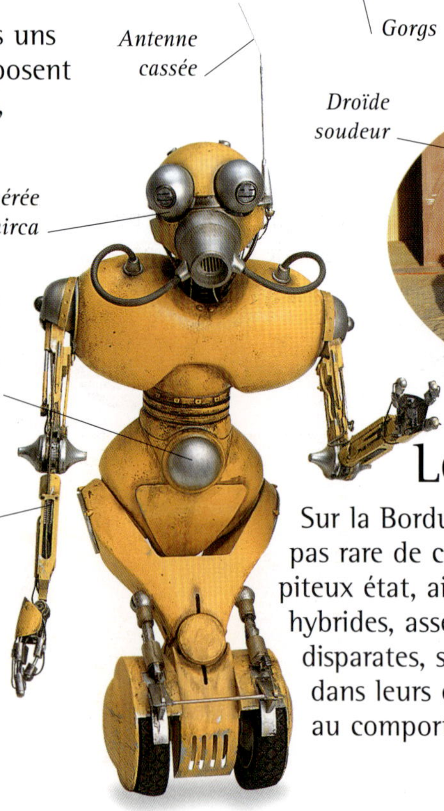

Les droïdes

Sur la Bordure Extérieure, il n'est pas rare de croiser des droïdes en piteux état, ainsi que des machines hybrides, assemblages de pièces disparates, souvent limitées dans leurs capacités ou au comportement aléatoire.

Méprisés des gangsters et des aventuriers, les colons de Mos Espa font leur possible pour ne pas s'attirer d'ennuis.

Bêtes de somme

Contrairement aux mécaniques, les animaux supportent bien la chaleur, la poussière et les tempêtes de sable de Tatooine. Les dewbacks sont omniprésents, les oepies se trouvent surtout près de Mos Espa, et les banthas sont montés par le Peuple des Sables.

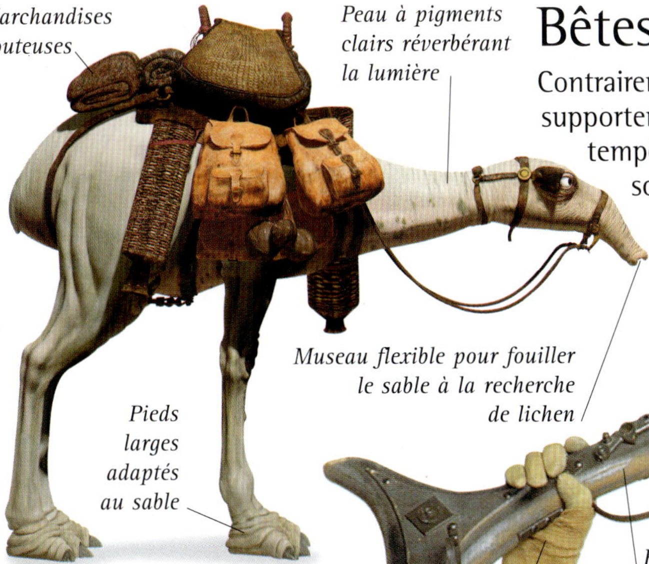

EOPIE

DEWBACK

Endémiques sur Tatooine, les eopies sont d'infatigables porteurs de fardeaux.

Les Hommes des Sables volent parfois des armes, mais ils leur préfèrent les masses et les haches traditionnelles.

Natifs de Tatooine, les Jawa aiment le contact des voyageurs spatiaux. Ils sont récupérateurs de ferraille et réparateurs d'équipements variés.

Le Peuple des Sables tire au hasard sur les podracers, dans l'espoir d'en stopper un pour attaquer son pilote.

LES RAFRAÎCHISSEURS DORSAUX
Ils aident les habitants de Mos Espa à supporter la chaleur étouffante de midi sous des soleils jumelés.

NOTES

◆ On distingue les clans jawa les uns des autres aux subtils motifs de leurs manteaux.

◆ À Mos Espa, les enfants s'amusent avec des "Yeux de Mesra" divinatoires.

Le Peuple des Sables

Contrairement aux Jawa, le Peuple des Sables ne fréquente pas les colons. N'admettant pas l'invasion de son territoire, il s'en prend aux voyageurs. La férocité de ces pillards, connus sous le nom de Tuskens, est légendaire.

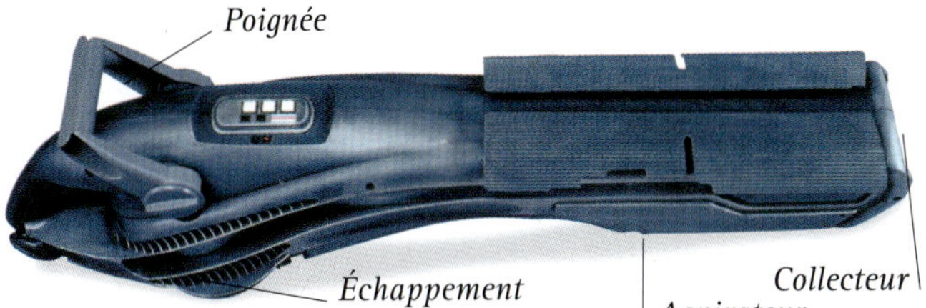

LE SANDSTAT
À Mos Espa, pour se débarrasser du sable et de la poussière, on utilise un sandstat électrostatique.

Le Chancelier Valorum

FINIS VALORUM S'EST PRÉPARÉ TOUTE SA VIE à devenir Chancelier Suprême du Sénat Galactique. Il descend d'une famille dont certains membres représentaient plus de mille mondes, et quelques siècles plus tôt un Valorum a déjà été Chancelier Suprême. Dirigeant toute la République depuis Coruscant, Finis Valorum est maintenant son égal. Mais Valorum a également hérité un gouvernement que son propre succès a affaibli : les représentants galactiques se sont éloignés de leurs peuples, et le système tout entier se désagrège.

Coruscant

Capitale galactique, Coruscant est presque totalement couverte de gratte-ciel, hauts de plusieurs kilomètres et hébergeant des milliards d'individus, dont les milliers de représentants de la Chambre du Sénat. Incapable de subvenir à ses besoins, la planète repose entièrement sur les cargaisons de norias de cargos.

Sei Taria

Elle assiste le Chancelier Valorum dans les domaines proceduraux réglementaires. Elle a beaucoup appris du Sénateur Palpatine.

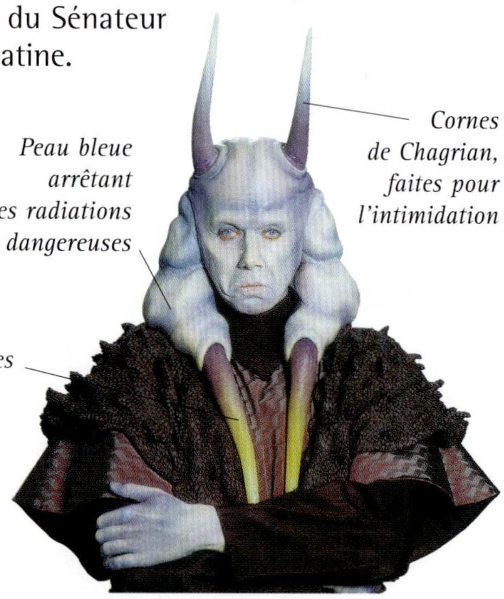

Mas Amedda

L'austère Chagrian est garant du bon ordre au sein du Sénat. Accusé de concussion, Amedda s'en tient à sa propre conception de l'honneur.

NOTES

◆ Coruscant est le siège du gouvernement galactique depuis des dizaines de milliers d'années. Ses origines demeurent mystérieuses.

◆ Le Chancelier Suprême Valorum subit une pression croissante de sénateurs tels que Palpatine pour faire passer les contingences procédurales avant ce qu'il sait être juste.

LES TAXIS AÉRIENS
Ils véhiculent leurs passagers dans l'étourdissant dédale que constituent les gratte-ciel de Coruscant.

La garde Sénatoriale

Le bleu vif de la toge des gardes du Sénat Galactique symbolise l'autorité suprême, la sagesse et l'équité du Sénat. La haute crête et le tissu dépouillé ont davantage une fonction cérémonielle que fonctionnelle.

LES PLATES-FORMES SÉNATORIALES
Au nombre de mille vingt-quatre dans le vaste amphithéâtre de la Rotonde, la plupart sont occupées par des sénateurs représentant une à plusieurs milliers de planètes d'un secteur donné. Les autres sont réservées à temps partiel à des alliés, des puissances commerciales, ou des planètes individuelles ayant une cause à plaider devant le Sénat.

HOVERCAM
VUE DE PROFIL

Quand un représentant a la parole, sa plate-forme se détache de la Rotonde et vient se placer au centre de la pièce.

Les Hovercams

Ces caméras volantes recueillent discours et votes des Sénateurs. Il arrive que leurs opérateurs abusent de leur position en négligeant certains représentants, ou en permettant à d'autres de truquer les enregistrements de leurs propos.

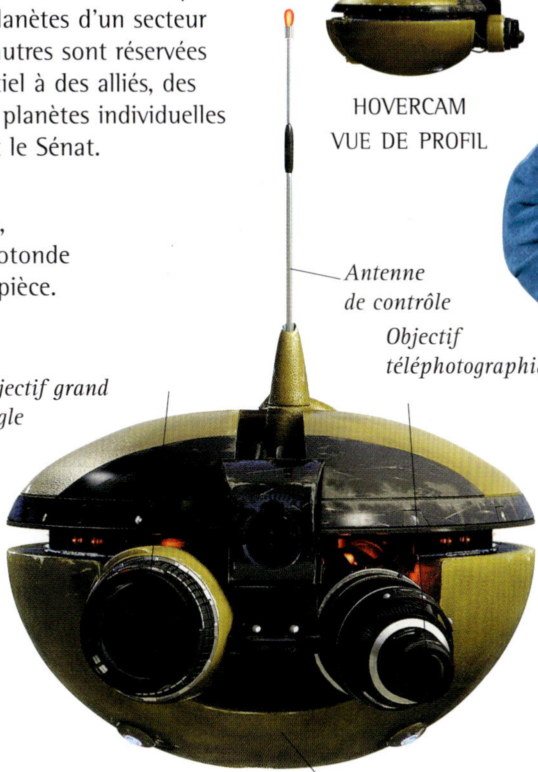

LA DIVERSITÉ DU SÉNAT
Sous la Rotonde du Sénat cohabite une large gamme de formes de vie en provenance de toute la République, exprimant des centaines de modes vestimentaires, traditionnelles ou typiques de Coruscant.

Assistants natifs d'Alderaan

LIANA MERIAN

AGRIPPA ALDRETE

TENDAU BENDON

LE SÉNATEUR YARUA DE KASHYYYK

Bien que réputés pour leur mauvais caractère, les sénateurs Wookiee ont un sens élevé de la justice. Le Sénateur Yarua n'admet pas que des intérêts commerciaux soient représentés au Sénat, et il est déterminé à y mettre un terme.

Le bleu dénote l'intérêt de Palpatine pour le siège de Chancelier.

Manteau élaboré, affirmant l'autorité du représentant sectoriel

Longues manches blousantes, de style naboo

Le Sénateur Palpatine

IL DOIT SA RÉUSSITE à sa patience infatigable. Après des débuts en politique difficiles, il a appris à attendre son heure, et s'est patiemment élevé jusqu'au rang d'influent représentant sectoriel au Sénat Galactique de Coruscant. Il incarne désormais 366 mondes d'un secteur lointain et isolé, parmi lesquels Naboo, sa planète natale. Mettant cette position provinciale à son profit, Palpatine a hanté les hauts lieux de la politique, impressionnant ses amis comme ses adversaires par sa simplicité et sa faculté de disséquer les faiblesses du pouvoir galactique.

Palpatine s'est forgé une réputation d'incorruptible et vilipende régulièrement les abus bureaucratiques dont il a connaissance. Personne n'est surpris d'apprendre qu'il est pressenti pour le poste de Chancelier Suprême.

L'appartement de Palpatine est modeste, comparé à celui d'autres représentants sectoriels.

Dame de compagnie royale

La reine Amidala

Étrange décor rouge

SON APPARTEMENT
Son domicile écarlate n'avait reçu que des visiteurs de confiance et des intimes, jusqu'à ce qu'Amidala arrive sur Coruscant.

Le diplomate

Palpatine n'appréciait pas le précédent souverain de Naboo, le roi Veruna, qui négligeait trop la politique étrangère à son goût. La reine Amidala lui convient davantage, car il pense s'en faire mieux écouter.

Avant leur rencontre au Sénat, la reine Amidala n'avait vu Palpatine qu'une fois, à son couronnement. Elle le soupçonne de préférer ses ambitions politiques aux affaires de Naboo.

NOTES

◆ Les goûts artistiques peu communs du Sénateur Palpatine indiquent à la reine Amidala qu'il a perdu de vue ses origines naboo et adopté une vision plus globale.

LA ROUTE DU SUCCÈS
Palpatine s'acharne à préférer sa propre conception de la droiture au légalisme sénatorial et ses procédures. Son arrivée au pouvoir est donc attendue avec impatience par beaucoup.

Le Sénat

LA PUISSANCE DES SÉNATEURS sectoriels est immense, car ils contrôlent l'accès au Sénat de centaines de planètes. Les tentations étant proportionnelles à leur pouvoir, les sénateurs corrompus ne sont plus une exception, même au plus haut niveau, et les citoyens de la République ne croient plus aux paroles de ceux qui siègent sur Coruscant. Les sénateurs sont en effet souvent paresseux et cupides, et faute de s'opposer à la montée du mal, ils favorisent son arrivée.

MOT NOT RAB

BASKOL YEESRIM

PASSEL ARGENTE

HOROX RYYDER

LA POLITIQUE
De nombreux sénateurs savent faire profiter les mondes qu'ils incarnent en commerçant avec tous les belligérants d'un conflit. On murmure que les Malastarian à trois yeux, tel Baskol Yeesrim, voient mieux que personne où se trouve leur intérêt.

L'entourage

Les sénateurs sont entourés de divers conseillers. Parmi ceux-ci, les plus jeunes sont écœurés par les abus dont ils sont témoins, mais ils s'accrochent à leur pouvoir.

La Sénatrice Toonbuck Toora a vu tomber trop d'innocents et gagné trop gros en contournant les lois pour être encore idéaliste. Elle a maintenant l'amitié de sénateurs criminels qu'elle haïssait, et sait récompenser les services rendus par des postes de complaisance.

ASSISTANTE DE TOONBUCK TOORA

NOTES

◆ Le Sénat est décoré de couleur lavande, car nulle part dans la Galaxie elle n'est associée ni à la guerre, ni à la faim, ni au deuil.

◆ C'est par pure cupidité que le Sénateur Tikkes s'est lancé dans la politique sur Coruscant.

Le Sénateur Orn Free Taa

Nulle part comme sur Coruscant on n'a le goût de l'ostentation. Le Sénateur Orn Free Taa considère le gouvernement galactique comme la chasse gardée des puissants. Devenu vil et adipeux, il pense que l'argent et le pouvoir lui donneront longtemps du charme.

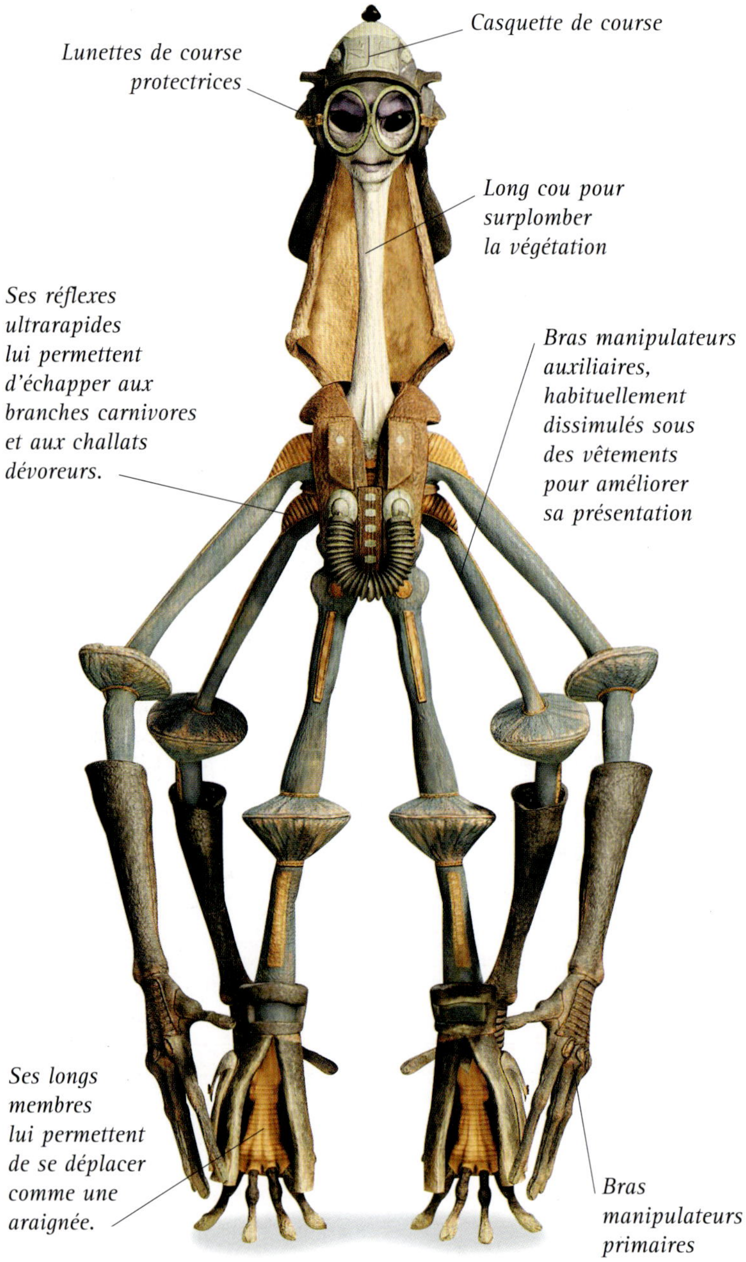

GASGANO

Directeur artistique du projet : Iain Morris & Jane Thomas
Directeur du projet : Simon Beecroft
Directeur US : Sarah Hines Stephens
Directeur artistique : Cathy Tincknell
Coordinateur : Joanna Devereux
Concepteurs : Kim Browne & Guy Harvey
Concepteur D.T.P. : Jill Bunyan
Production : Steve Lang
Recherche iconographique : Cara Evangelista
Photothèque US : Tina Mills
Coordinateur ILM Image : Christine Owens

Pour la première édition publiée en 1999 :
© Dorling Kindersley Ltd, Londres

© 1999 Lucasfilm Ltd, et ™

Pour l'édition française :

Traduction : Alain Clément
Coordination : Véronique Herbold
Mise en page : Atelier Lauriot Prévost

© Éditions Nathan, 1999
© Éditions Nathan 2005 pour la présente édition
N° d'éditeur : 1006749
ISBN : 2-09-240435-0
Dépôt légal: octobre 2005

Pour le Canada :
© Les éditions Héritage inc, 1999
ISBN : 2-7625-0851-7
Imprimé en Italie

Photogravure Colourscan, Singapour
Imprimé en Italie par Mondatori, Vérone

Remerciements

Nombreux sont ceux qui ont participé à l'élaboration de ce livre, et le Capitaine tient à remercier tout spécialement certains d'entre eux : Ty Teiger et son département des Studios Leavesden qui ont fabriqué toute une collection bizarre de fusils et de gadgets qui remplissent ces pages ; le livre regorge également de costumes extraordinaires et somptueux, créés par la styliste Trisha Biggar et son équipe ; une intervention spéciale du constructeur de modèles ILM, Don Bies, qui nous a permis de comprendre ce qui se passait dans la tête d'un droïde de combat ; Ed Maggiani et Steve Cymszo nous ont appris que le plus humble des Maîtres Jedi construit son sabre laser ; Iain Morris, designer consultant, qui a réussi à être plusieurs personnes à la fois, dont une ou deux surveillèrent ces remarquables maquettes dans lesquelles des textes copiés dans un annuaire de téléphone ont fière allure ; Jane Thomas, éditeur artistique, qui nous a rejoints au Ranch de Skywalker pour nous aporter son aide précieuse pour l'achèvement de la maquette du livre en une quinzaine de jours ; l'influence éditoriale positive de David Pickering plana sans répit au dessus de mon clavier comme l'esprit de Obi-Wan ; mais quand, regrettant profondément son absence et m'étant fait à cette idée, Simon Beecroft, un éditeur de DK, apparut courageusement pour offrir (en même temps qu'un énorme travail éditorial) un réconfortant bravo, stimulant et nécessaire pour un travail vraiment satisfaisant ; Sarah Hines Stephens, éditeur chez Lucasfilm s'occupa aussi de ce livre avec son bon sourire et ses yeux enthousiastes, veillant à l'harmonie de l'univers de Star Wars ; la charmante Cara Evangelista, coordinateur des ventes de licences chez Lucas nous a fourni tout un matériel de référence dès le début de notre entreprise, alors que nous étions dans le chaos et que des ténèbres informes régnaient sur notre monde ; toute cette imagerie fut forgée sur les enclumes de Tina Mills, coordinateur des images, dont le bureau devait être un univers à part peuplé d'extra-assistants invisibles nécessaires à l'accomplissement de tâches dignes des écuries d'Augias ; R. Matthew Bliss, un agent spécial du FBI – sans aucun doute le premier agent fédéral à étudier les antécédents d'un Seigneur Sith – offrit sa compétence pour épurer le profil secret de Dark Maul ; George Stephens Whitcomb, ingénieur en chef, ayant navigué sur le porte-avion nucléaire CV-66 U.S.S. America de l'U.S. Navy, fut, comme toujours, un inspirateur génial ; poète, voleur, et extraordinaire fine lame, Jack "Tony" Bobo, Esq. fut indispensable pour enflammer mon imagination, comme le fit également le chasseur de trésors et écrivain Carl "Ray le Barbare" Cart, dont la prose est concentrée comme de la nitroglycérine et qui maintint le haut niveau vers lequel je m'efforce de tendre ; le Professeur Gregory S. Aldrete, Ph.D., du département d'Histoire de l'Université de Green Bay dans le Wisconsin, nous parla souvent des liens qui unissent la société, les arts, les artefacts et la culture, ce qui a influencé mon approche de l'univers de Star Wars ; Hugh Quarshie, l'instigateur de l'une des plus intéressantes conversations à laquelle j'ai participé pendant tout le temps que dura mon séjour à Leavesden, et dont la perspicacité éclaira l'intrigue de la royauté Naboo ; ce fut un plaisir de travailler avec Neal Porter et Fiona Macmillan, de DK, et je suis fier d'avoir fait partie de leur équipe ; Jane Mason, éditeur chez Lucasfilm US, travailla à mettre le livre en forme dans ses débuts ; Lucy Wilson, directrice de la publication chez Lucasfilm, me resta fidèle dans des circonstances très inhabituelles pour un autre projet qui en vaut la peine ; et enfin Ann Marie Reynolds m'offrit son soutien sans relâche et fit la preuve de son influence éditoriale, se débrouillant pour que Simon ne voit jamais une première ébauche.

DK tient également à remercier : Alex Ivanov et David Owens pour leurs photos ; Justin Graham, Scott Carter, Matthew Azeveda, Paloma Añoveros, Susan Copley, Danielle Roode et Fay David pour leurs recherches ; David John, pour son travail éditorial ; John Kelly et Mark Regardsoe pour leur design.